联合国教科文组织
绿色职业院校建设指南

联合国教科文组织 著

杨文明 译

创于1897　商务印书馆
The Commercial Press

UNESCO-UNEVOC

Greening Technical and Vocational Education and Training: A Practical Guide for Institutions

ISBN: 978-92-3-100231-1

世界职业教育学术译丛
出版说明

　　自《国务院关于大力推进职业教育改革与发展的决定》颁布以来，我国职业教育得到了长足发展，职业教育规模进一步扩大，职业教育已经成为国家教育体系的重要组成部分。为了更好满足社会经济发展需要，建设更多具有世界一流水平职业院校，商务印书馆与深圳职业技术学院共同发起、组织、翻译、出版了这套学术译丛。

　　我馆历来重视移译世界各国学术著作，笃信只有用人类创造的全部知识财富丰富自己的头脑，才能更好建设现代化的社会主义社会。为了更好服务读者，丛书主要围绕三个维度遴选书目。一是遴选各国职业教育理论著作，为职业教育研究人员及职业教育工作者提供研究参考。二是遴选各国职业教育教学模式、教学方法等方面的书目，为职业院校一线教师提供教学参考。三是遴选一些国际性和区域性职业教育组织的相关研究报告及职业教育发达国家的政策法规等，为教育决策者提供借鉴。

　　深圳职业技术学院为丛书编辑出版提供专项出版资助，体现了国家示范性高等职业院校的远见卓识。希望海内外教育界、著译界、读书界给我们批评、建议，帮助我们把这套丛书出得更好。

商务印书馆编辑部

2022 年 6 月

目 录

前　言

本指南旨在帮助从事职业教育的领导者和实践者通过院校全员参与的方法来推进院校的绿色教育，以此促进他们对可持续发展教育（ESD）的理解和实施。本指南论述了联合国教科文组织国际职业教育中心帮助职业院校实现转型的目标。这些目标与国际职业技术教育与培训中心自 2011 年以来就一直倡导开展的改革相一致。改革的目的是应对青年失业问题以及整个职业教育行业缺乏可持续发展能力的双重挑战。这些改革应该是全面的、系统的和长远的，而不是碎片化的院校改革。随着各国加大力度制定方案和对策以减少温室气体排放，减少人类活动产生的碳足迹和生态足迹，国际职业教育与培训中心网络——由联合国教科文组织成员国的职业院校组成的全球网络——走在前沿制定了应对策略以实施转型。因此，联合国教科文组织国际职业技术教育与培训中心支持并希望网络成员发挥主渠道作用，面向利益相关者、社区、企业和各行业，特别是对环境具有最大影响的部门，加强教育和培训针对性，增强意识，扩大积极影响，促使他们开展更负责任的行动。

本指南通过流程和指导性示例，阐述职业院校如何进行系统转型，以满足不断变化的绿色经济、可持续发展和数字化社会的需求。绿色发展是国家优先战略，职业院校必须支持转型进程，促进可持续发展。绿色经济转型的工作和就业保障是院校绿色建设议程的核心。不容忽视的是，推广绿色技能从而增强职业教育对学习者、社区和企业的吸引力是建立在职业院校自身的绿色建设之上的。职业院校自身也常常面临促进职业教育发展的基本问题和日常挑战。为现有职业岗位培养人才，也为未来工作做好人才储备，是加强绿色教育的另一原因。因此，职业院校需改变思维方式，同时对关乎环境、经济和社会发展的知识、技能和态度等问题多加关注。

本指南分为两个部分，讨论了改革的四个关键步骤，重点在于理解、规划、实施、监测和评估。它提供了几个关键要素以帮助职业院校领导及其团队了解院校和专业绿色建设的规模、范围和关键步骤。本指南论述了绿色建设的必要性及其为院校带来的益处。指南也强调了在启动工作前确定理论基础和策略时需考虑的关键要素。对于如何制定院校绿色发展规划及将实现短、中、长期目标作为关键要素，指南中有详细说明。第二节提供了制定、实施和评估绿色建设过程各步骤的建议。最后，本指南为职业院校提供了更多资源，以供参用。

该出版物是联合国教科文组织国际职业技术教育与培训中心强化可持续发展的另一贡献，其背后的理念是可持续发展是个学习的过程而非终点。同时通过该出版物的出版来支持职业院校与其利益相关者开展能力建设，齐心协力共同促进职业教育的可持续发展。

萨玛尔·马俊达

联合国教科文组织国际职业技术教育与培训中心主任

致　谢

　　本指南在萨玛尔·马俊达的指导下由联合国教科文组织国际职业技术教育与培训中心编写完成。指南编写得到加拿大约克大学可持续发展研究与创新研究所联合国教科文组织重新定位教师教育教席查尔斯·霍普金博士的鼎力支持和技术贡献。

　　感谢以下专家奉献的独到见解和贡献：尼克·苏弗朗尼奥（英国华威大学），克里斯蒂娜·马丁内斯·埃尔南德斯（澳大利亚西悉尼大学），马丁·博格（马耳他艺术、科学与技术学院）；埃里克·坦博［联合国大学－环境与人类安全研究所（UNU-EHS），德国波恩］，埃卡特·李林塔尔［联邦教育与研究部（BMBF），德国］，延斯·利比（联合国教科文组织）。

　　为指南提供咨询和宝贵建议的其他国际职业技术教育培训中心网络成员包括玛丽·约瑟福庭（加拿大），玛格丽塔·帕夫洛娃（中国香港特别行政区），奥尔加·奥利尼瓦（俄罗斯联邦），马修斯·皮里（博茨瓦纳），哈利·斯托尔特和迈克尔·施瓦茨（德国），奥德特·布朗（牙买加），金帕克和李南楚（韩国），哈立德·格拉雅（突尼斯），阿尔弗雷多·罗达蒂（墨西哥），伊萨姆·阿比·纳德（黎巴嫩）和罗尼·桑纳德（挪威）。他们贡献了在可持续发展背景下开展专业建设的各种经验和智慧。

　　岳桃桃（中国），杰斯加拉·阿尔韦亚尔（厄瓜多尔）和奥卢瓦图辛·阿瓦拉多（尼日利亚）等联合国教科文组织国际职业技术教育与培训中心的实习生也通过他们的研究活动和建议为各阶段的指南编制做出了贡献。

指南使用说明

　　《绿色职业院校建设指南》旨在帮助职业院校领导者和实践者理解和实施可持续发展教育。它以院校全员参与方法为指导，并采用适用于院校环境的分步实施过程。该过程包括四步：理解、规划、实施、监测和评估。本指南确定了若干关键要素，以帮助职业院校领导者及其团队了解院校和相关专业开展绿色教育的步骤，说明绿色教育的必要性及其给院校带来的裨益。指南还列举了在启动第 1 步工作前确定理论基础和策略时需考虑的关键要素。**第 2 步**概述了制定院校绿色发展规划（IGP）及短、中、长期目标时需考虑的核心要素。**第 3 和第 4 步**提出了制定、实施和评估绿色建设过程的建议。

摘选 1
院校全员参与方法

　　除了重新定位教学内容和方法之外，院校全员参与方法考虑的是一个综合过程，使可持续发展成为院校整个过程的主流。

　　《联合国教科文组织关于实施可持续发展教育全球行动计划路线图》给出了可以实现这一方法的全面建议：

　　（a）院校全员参与过程应使所有利益相关方——领导、教师、学生和行政部门——共同制定愿景和规划，在整个院校实施可持续发展教育。

　　（b）向院校提供技术支持，并在可能和适当的情况下，提供财政支持以支持其重新定位工作，包括提供相关范例，开展领导和管理人员培训，开展指南制定以及相关研究培训。

（c）调动和加强现有的相关院校间网络，以促进相互支持。例如，采用同行学习的方式学习院校全员参与方法，提高方法的直观性，将其作为变革模型宣传推广。

在实践中，院校全员参与方法要求不仅通过课程的方方面面，而且通过院校的综合管理和治理，可持续性理念的应用、社区和利益相关者的参与、长期规划以及可持续性监测和评估全方位融入可持续发展。

资料来源：UNESCO (2014)

本指南强调院校全员参与方法不仅适用于不同的教育和培训环境，而且面向不同的参与者（学生或培训生、教师、校长、培训管理者，甚至那些传统意义上不属于"学术"范围但与院校人员互动的人）。

职业教育是个复杂的领域，其中众多技能和知识需在多种环境中进行培养。院校全员参与方法考虑了这些复杂性并证明了院校综合发展的必要性。该过程要求对院校环境内不同参与者的职责进行规划，以推进院校全方位的变革；该过程期待参与者在其个人和职业生涯中承担更多职责，对投入、过程和结果产生影响；该过程还要求参与者随时准备在任何工作场所和生活场景中履行这些职责。这些参与者应具备适当的知识、技能和能力以实现必要的变革并履行其职责，确保可持续发展嵌入他们所做的一切事情。院校全员参与方法同时还培养与工作相关的技能和能力。与生活和工作相关的技能和能力会影响社区中个人在处理日常个人事务和专业职能及活动时的行为方式。

指南概述

第 1 节 介绍了可持续发展教育及其背景，以及它与"高质量教育""2030 议程""教育 2030"和"全球公民教育"的关系。它阐释了学习机构应该采取的诸多举措。由于时间和资源有限，探索这些举措与绿色职业院校产生协同作用的可能性尤为重要。介绍中解释了什么是可持续发展教育，以及它与职业教育乃至广义上的教育的关系。它概述了绿色教育和可持续发展教育对于职业院校、社会，特别是学生的重要性。

第 2 节 概述了职业院校开展绿色职业教育的四步框架，其中运用了院校全员参与方法。

分步指南概述

第 1 步

着眼于理解职业院校开展绿色教育的过程。它说明了开展绿色教育的重要性，以及如何在可持续发展的背景下通过多层面和多维度帮助院校定位以实施改革。这一步概述了绿色教育的规模、范围和幅度，涵盖经济、社会和环境方面的措施。重要的是，它可以帮助院校团队了解所需变革的性质、广泛的措施和规模。它为在职业院校实施可持续发展教育的五种方法提供了颇为快速有益的说明。

第 2 步

论述绿色职业教育过程的规划。在启动主要的绿色教育过程之前制定规划框架和战略尤为重要。该步骤概述了制订战略规划的方法，例如：激励院校全员参与的方法，制定愿景，主要利益相关者的参与以及帮助确定优先事项。本部分给出示例，指导如何实施这些优先事项。示例针对绿色建设规划相关活动的组织提供了建议和方法。

第 3 步

强调战略制定与实施。 该步骤建立在职业院校实施可持续发展教育的五种方法的基础之上，并寻找契机使其在院校日常工作中具可操作性。本部分提供的建议将有助于职业院校执行政策框架制定相关的核心任务，以便与绿色校园建设、绿色课程与培训、绿色研究、绿色院校文化同步推进，并协助在广泛的工作场所和社区开展绿色教育工作。本章也提供了相关示例。

第 4 步

监督和评估绿色教育过程的努力和结果。 这一步论述了制定可行且适当的评估标准的必要性，也需要了解某些预期结果并不易于评估。在规划和实施阶段不应忽视这些难以评估的结果。虽然量化指标可以表明在能源和水资源消耗方面取得的进展，但仍有必要根据雇主、教师和毕业生的意见追加定性评估。

在职业教育中实施可持续发展教育的五种方法概述

绿色职业教育的主要步骤包含在职业院校实施可持续发展教育的具体方法之中：**绿色校园、绿色课程与培训、绿色研究、绿色社区与工作场所、绿色院校文化。**

这些方法是相互独立的，并共同构成院校全员参与方法。本指南的重要特色是提供了示例，说明其他院校是如何开始引入绿色教育过程的。示例表明了开展可持续发展教育的不同方法以及可以应用的不同领域。

附录　提供了监测和评估框架示例。

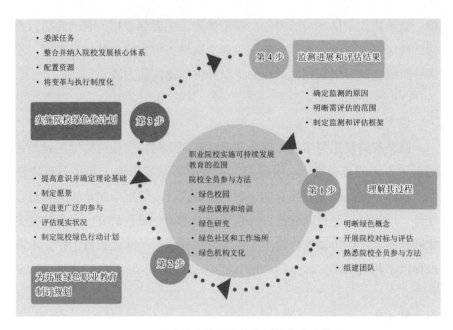

图 1　职业院校实施可持续发展教育分步指南

目标受众

本指南旨在为职业院校领导者、行政机构人员、管理人员和教学人员提供实用工具，帮助他们为院校绿色建设工作制定适合自己的连续性步骤。本指南可作为强有力的工具用于促进政策的本地化、开发专业和实践，促进管理架构的改进，促进资本与人力投入的增加。学生和广大的学校社区也可以从这些资料中受益，因为这些资料有助于绿色建设过程的成功实施。

局限性

绿色是一个新兴和持续发展的概念，从时间维度上没有终点。我们建议各院校开展正式的绿色过程，直到他们确信绿色教育概念已完全深入人心，绿色行动已纳入主流日常职能，并已纳入常规监测措施。由于职业院校和机构千差万别，从小型乡村手工艺中心到高级技术学校不等，因此有必要调整本书提供的通用建议以适应特定的学习环境。

本指南主要面向在本校、学院或独立环境中开设专业的职业院校，其管理和教学或培训人员对设施和专业/课程和培训具有决定权。但是，对任何希望启动系统转型的正规职业院校来说，一般原则只是对建设起点有益的参考。它们也广泛适用于其他类型的机构和职业教育系统所推行的内容和过程。例如，参与工作场所技能提升活动的职业教育管理人员或培训人员可对指南中概述的四个实际步骤进行改编采用，以实现文中所描述的广泛变革。

由于将其定位为为系统变革创建的起点，因此本指南没有定义"绿色型职业院校"的标准，因为这在很大程度上取决于职业院校在不同领

域已开展可持续发展教育水平的评估。同样，绿色职业院校将依靠自身
实力制订规划，利用现有资源来推进院校变革。因此，本指南仅在于提
供院校绿色建设措施以及一系列可实现的目标。

第一节

引　言

在帮助青年和成年人掌握必备技能、获得就业和体面工作，以及在其创业和终身学习方面，职业院校发挥着重要作用。在目前的发展背景下，职业教育可以使青年掌握进入职场所需的技能，其中包括创业技能。职业教育还可以提高对公司和社区的响应能力，满足他们不断变化的技能需求，提高生产率，提高工资水平。职业教育可以减少相关人员进入工作领域的障碍。

在职业教育中推行可持续发展教育，可助力职业院校转型，强化职业院校愿景中可持续发展内涵，并为社区及利益相关者的能力建设增加机会。实际上，在职业教育中实施可持续发展教育为青年和成人提供了有力工具，使其掌握千变万化的职业世界所需的技能，包括向绿色经济和可持续发展社会转型所需的知识和能力。因此，职业院校有必要实施可持续发展教育，并根据转型需要开展教育和培训。

摘选 2
职业教育的定义

联合国教科文组织通过开展的一系列学习活动对职业教育进行了定义，并将其描述为培养实施可持续转型的未来人才的重要途径。

《联合国教科文组织关于职业教育的建议书（2015 年）》将职业教育定义为：与广大职业领域、生产、服务和生活相关的教育、培训和技能发展。作为终身学习的一部分，职业教育可以在中等教育、中等后教育和高等教育阶段进行，包括工作本位学习、继续教育以及专业发展，最终可获得职业资格证书。

职业教育还根据国家和地方背景提供各种技能发展机会。学会学习，发展识字与算术技能、横向技能和公民技能是职业教育不可或缺的组成部分。

职业教育通过增强个人、组织、企业和社区的能力来促进可持续发展，促进就业和获得体面工作，鼓励终身学习，以此促进具包容性和可持续性的经济增长，增强竞争力，并促进社会公平和环境的可持续性。

资料来源：*UNESCO (2016a)*

为什么职业院校必须参与绿色建设

职业教育在帮助向低碳经济和气候适应型社会（climate-resilient society）转型方面发挥着重要作用。职业教育的传统职能是为学习者进入职场做好准备，并提升他们在工作领域（world of work）的参与度。这些传统职能正面临新的期望：

职业院校开展个人教育与培训，促进向可持续发展社会过渡

人类活动以及职场工作需要以可持续和环境友好的方式进行。由于过去许多人类活动尚未遵循上述工作方式，因此需要调整个人消费以及传统职业，开发新的活动领域以取代非环境友好型的做法。这对于建设一个更具可持续发展性的社会至关重要。例如，开发技能并促进科技研究，力求尽量避免使用不可替代的原材料，回收废物，最大限度减少能源消耗，以及避免环境污染。通过职业教育和培训开展创业学习，帮助创建为社会共同利益服务的可持续发展型企业和社会企业。

使职业教育能够与劳动力市场法规与时俱进

整个经济体中广泛分布着大量的职业技术教育毕业生。许多就业单位的运营都受相关标准的规制，许多职业都有既定的技能标准。个人接受职业教育的目的通常是为获得所需的技能水平或资格，以便满足受监管职业的要求，或满足职业明确规定的技能水平要求。除了人员资格相关的法规之外，许多经济活动的运营也受法规更广泛的管制（尽管监管程度因国家和部门而异）。遗憾的是，许多现有的法规和标准还得追溯到可持续性需求得到充分认可之前的时代，因此尚未完全更新以适应向绿色经济过渡的要求。然而当原材料使用、废物产生和排放程度会对环境造成不必要的损害时，它们甚至会维持"一切照旧"的运营模式、工作流程和方法。

　　通过职业教育和培训开展创业学习，帮助创建为社会共同利益服务的可持续发展型企业和社会企业。其中许多企业可以更有效地解决社会、人类和环境问题。

灌输意识和激发活力，发展绿色文化

学习机构的工作人员和学生可能还不明白需要哪些变革以实现可持续发展。即使他们意识到这些问题，他们可能也缺乏动力参与更大的转型议程，而这个更大的转型议程需要通过集体行动来实现。首先必须确保集体对实现可持续性所需的经济和社会变化有所了解。然后有必要根据这些变化采取行动。可采用集体行动，制定作为院校规范的绿色议程。通过制定共同目标、增强动机和开展集体行动展现良好做法，以解决阻碍或减缓变革的因素。这为创建新文化和为相关人员提供指导奠定了基础，确保变革的实现。

职业院校的绿色教育不仅可以为常规的院校发展增加附加值，还可以促进建成学习型和发展型的社区。

　　可采用集体行动，制定作为院校规范的绿色议程。通过制定共同目标、增强动机和开展集体行动展现良好做法，以解决阻碍或减缓变革的因素。这为创建新文化和为相关人员提供指导奠定了基础，确保变革的实现。

考虑要点：

　　职业教育可确保个人获得知识、技能和能力，使其为发展绿色经济效力，并在生活中践行可持续性做法。绿色经济可以"促进人类福祉和社会公平，同时极大降低环境风险和生态稀缺性"（UNEP，2011）。要建设可持续发展社会，职业教育至关重要。

全力投入绿色职业教育

在对《联合国可持续发展目标》（SDGs）和气候变化协议做出政治承诺之后，全球行动势头已然形成。政治和环境对绿色经济转型的需求是显而易见的。然而，转型中的经济和社会需求需要进一步探索。对绿色职业教育的投入是否有坚实的根基？

知识只是教育和培训的一个方面。通常情况下，能够应付具体工作之外的广泛的技能组合同样重要，其中包括：增加就业机会，创建可持续的生活方式，促进企业的可持续发展和自主创业。值得注意的是，解决学习者更广泛的问题，比如，增强他们对终身学习、提升技能和学习职场礼仪的责任感，也可以提升他们整体的幸福感。

了解在职业院校的绿色教育中实施可持续发展教育的核心原则，了解投入理由，了解技能需求以及投入职业教育的潜在回报是指导这一过程的重要的第一步。

有几点可以解释为什么全力投入绿色职业教育至关重要。从社会和经济角度来看，绿色职业教育可以提高工人的就业能力和企业的生产力。拥有绿色职业相关的知识、技能和能力的工作者相比同行业其他人更容易就业。如果工作流程发生变化，可以对失业工人进行重新培训和技能提升，以便他们受雇于其他部门，从而最大限度地缩短他们找到新工作和企业填补新职位所需的时间。此外，劳动力市场中的弱势群体（年轻人、妇女、残疾人、农村社区和其他弱势群体）需要针对性的支持，以培养他们从事绿色职业所需的潜在知识和技能。提供培训以帮助弱势群体获得专业技能，使他们能够参与到绿色经济转型的相关活动之中。

拥有绿色职业相关的知识、技能和能力的工作者相比同行业其他人更容易就业。如果工作流程发生变化，可以对失业工人进行重新培训和技能提升，以便他们受雇于其他部门，找到新工作，也便于企业填补新职位。

总结
- 绿色职业教育有助于生产过程以更加环境友好的方式发展；
- "绿色"职员就业竞争力更强；"绿色"劳动力可以提高企业的盈利能力；
- 国家政府通过提供新的绿色行业所需技能挖掘潜力，创造就业机会；
- 劳动力市场中的弱势群体（年轻人、妇女、残疾人、农村社区和其他弱势群体）需要针对性的支持，以培养他们从事绿色职业所需的知识和技能。

资料来源：*UNESCO-UNEVOC (2012)*

开展绿色职业教育需要考虑的技能和环境因素

在由具有职业技能和资格的工人所服务的各行各业，需要考虑一些重要行动。例如，在明显不具备可持续性的情况下，对工作环境问题不予关注，仍然采用"一切照旧"的实践、过程和方法。训练有素的劳动力不足可能会造成技能差距或技能短缺。这些问题的解决有赖于有效的教育和培训规划。

表 1　为保障技能熟练、训练有素的工作者服务的行业可持续发展，创建绿色职业教育议程时需考虑一些关键因素

能源行业

为什么这个行业构成威胁？

能源行业约占所有温室气体（GHG）人为排放量的 2/3，其排放量一直随工业化和经济增长而增加。能源是一个影响交通、建筑和工业的交叉行业。任何能源生产方式都会对环境产生影响，其中包括土地使用、废物产生和对动植物的干扰等问题。因此，它对经济和自然保护的意义不容小觑。如果我们要实现能源行业的可持续发展，就必须考虑到这些影响。由于化石燃料是有限的资源，并且它们的使用对气候变化影响很大，因此普遍认为可再生能源是更可取的选择。另外，需要控制能源使用总量，提高生产和使用效率。

主要环境问题：

- 占温室气体人为排放量的 2/3；
- 土地利用的变迁；
- 能源项目建设和运营阶段的空气、土壤和水质污染；
- 产生废物。

职业教育对策：

应面向个体开展培训，使其掌握：

- 节能技术的应用知识；
- 可再生能源技术的应用知识；
- 适应新兴能源市场的新技能。

资料来源：*IPCC (2014), IEA (2015)*

钢铁行业

为什么这个行业构成威胁？

　　钢铁行业会对空气、土壤和水质造成严重污染。排放物主要是来自材料处理和化学物质排放或源自焦化厂的污染物。如果不对工业活动和排放进行监控，使其达到安全环境水平，则会导致大气污染和其他形式的污染排放。

主要环境问题：

有害排放：

- 空气：化合物和排放物；
- 水：含有机物、油、金属、悬浮固体、苯、苯酚、酸类、硫化物、硫酸盐、氨、氰化物、硫氰酸盐和氟化物的生产用水；
- 土壤：炉渣、污泥、硫化物、重金属、油、油脂残留物和盐类。

职业教育对策：

　　应按照已有规程，或根据一段时间内对环境标准和行业规章方面的调整，对技术人员和专业人员进行以下培训：

- 有效利用工业生产中的能源和资源；
- 控制材料周期；
- 节能应用技术。

资料来源：*Doushanov (2014)*

制造业

为什么这个行业构成威胁？

　　生产制造可能释放大量对环境有害的污染物。生产和加工材料（包括纺织品、橡胶、木浆、纸张、化学肥料和钢铁在内）的标准方法不一定都符合最高的环境标准。因此，这些生产过程可能会影响环境。

主要环境问题：

- 获取原材料和资源的方式；
- 资源和废物管理；
- 产品设计价值偏低。

职业教育对策：

在整个价值链中实施最高的环境标准和最佳做法需培养训练有素的工作者，使他们具备所需知识和技能，其中包括：

- 原材料收集；
- 预处理；
- 生产；
- 销售；
- 贸易（营销）；
- 可持续的工艺／商业和产品开发。

资料来源：*UNIDO (2013)*

建筑业

为什么这个行业构成威胁？

建筑业是全球环境污染的主要来源之一。它占与能源相关的温室气体排放量的 30%，占废物排放总量的 40% 和用水量的 12%。建筑部门消耗了全球约 60% 的电力，通过节能干预可以减少 30%～80%。此外，建筑业雇用了 10% 的劳动力，预计贡献全球 GDP 的 10%。考虑到全球人口迅速增长和全球城市化进程，该行业在全球经济、就业市场、资源开发和污染方面具有重要的意义。

主要环境问题：

- 温室气体排放量大；
- 原材料消耗大，资源枯竭；
- 土地利用变迁；
- 废物产生和污染。

职业教育对策：

在可持续的建筑过程中实施最严环境标准和最佳做法，需培养训练有素的工作者，使他们具备所需知识和技能，其中包括：

- 可持续建筑设计；
- 可持续建筑技术和建筑材料；
- 供水和卫生；

- 采用分散式发电并将可再生能源发电方法整合至建筑物；
- 建筑物的节能；
- 固体废物处理；
- 材料再利用和拆房控制。

资料来源：*UNEP (2010), UNHABITAT (2012)*

农业

为什么这个行业构成威胁？

农业约消耗 2% 的全球能源用量，占全球土地使用量的 38%，对温室气体排放造成重大影响。最近的研究表明，到 2030 年后农业改革将有助于实现 21%～40% 的减排目标。灌溉一直是促进粮食丰产的关键方法，现今灌溉用水约占世界总取水量的 95%。考虑到至 2030 年必须增加粮食产量以养活新增的 30 多亿人口，预计农业用水与家庭和工业用水的竞争会加剧。肥料和农药的大量使用也会对自然环境造成严重污染。

主要环境问题：

- 能源消耗效率低下；
- 土地利用变迁和农业用地的扩张；
- 缺乏达到减排目标所需的技术和政治手段；
- 灌溉用水效率低下；
- 化肥和农药的使用造成环境污染。

职业教育对策：

在农业生产领域培养训练有素的人才，需具备：
- 从事有机农业和农林业所需的新技术知识；
- 将节能技术应用于农业的技术知识；
- 有效利用水资源和灌溉技术；
- 在农业中使用信息和通信技术（ICT）。

资料来源：*FAO (n.d.), FAO et al., (2014). White (2016)*

食品行业

为什么这个行业构成威胁？

食品加工可分为四个主要领域：水果和蔬菜；肉类、家禽和海鲜；饮料和装瓶；乳制品业务。所有这些领域都在加工过程中消耗大量的水。其中很大一部分会成为废水，在排放至自然环境之前必须进行安全处理。

主要环境问题：

- 废水：造成的问题包括生化需氧量（BOD），总悬浮固体（TSS），氮、磷化合物的过量养分负荷，动物加工产生的病原生物体，余氯和农药水平。
- 固体废物：包括有机废物和包装废物。有机废物包括来自原材料的外皮、种子、皮和骨头，以及来自加工操作的废物。无机废物通常包括塑料、玻璃和金属材质的废弃包装材料。

职业教育对策：

培训合格人员以实施以下流程：

- 先进的废水处理方法；
- 改善包装；
- 改进传感器和过程控制（减少浪费，提高生产率）；
- 食物照射；
- 使用闭环/零排放系统减少水和废水。

资料来源：*UNIDO (n.d.)*

变革职业教育以满足绿色经济和社会的需求

绿色经济引发技能需求方面前所未有的变化。这些变化包括工作方式的变化（因此需要对失业工人进行再培训，以提高其技能，使他们可以受雇于其他行业）、需要新技能的职业的出现（个人需要接受培训并获得资格），以及现有工作的绿色化趋势（这也要求提高受雇人员的技能）（Strietska-Ilina et al., 2011）。绿色经济建设需要将技能和就业发展政策更多地纳入绿色经济议程。有时，由于缺乏接受过培训的新人来接替达到退休年龄的老员工，缺乏训练有素的合格工人，或缺乏技术推广和市场扩张所需的特定技能和能力，因此出现技能短缺的情况。

向绿色经济转型会产生新的就业机会，但也会改变现有工作的范围和特征。如果没有足够的训练有素的劳动力，即使有工作机会，绿色经济转型也会导致某些行业的技能短缺。

为促进向绿色经济转型，技能开发策略需要：

- 适应就业行业的发展需要；
- 准备能够有效传授知识和技能的教师和培训师；
- 扩展职业教育的现有范围和传授机制；
- 使劳动力适应技术变化。

从本质上讲，技能开发策略需要深思熟虑。正如表1所述，需要向大批人员传授过程、技术、原料周转及其环境影响的知识，以便于他们成为技能储备人才。需要将产品的完整价值链细分为不同的层次，每个层次可确定其技能和能力需求并提供培训，以引导职业教育毕业生获得充足和体面的就业机会。

可以预见，绿色经济建设将给已然复杂的多层次技能短缺（如摘选3所述）和盈余带来更大压力。向低碳经济转型至少引发了与技能需求相关的两个挑战：各国没有足够的专业技术人员从事绿色职业，以及需要针对受技能变化影响的人员进行再培训。

为低、中、高等技术人员提供有针对性的培训机会，可以应对技能短缺的挑战。这些变化有助于职业院校增强目标感，向更加绿色的职业技术教育培训过渡。

摘选 3
英国技能短缺性职位空缺（SSV）及其影响

据报道，在英国威尔士，有 1/5 的职位空缺是技能不足造成的。这些技能短缺性职位空缺（SSV）往往集中在特定的行业和职业。技能不足造成的职位空缺五年间（2010~2015）增长了 130%（UKCES，2016）。不同类型的职业存在不同方面的技能短缺。2013 年技能不足造成多达 44% 的技术工种职位空缺。英国就业和技能委员会将"技工"（skilled trades）定义为需要实用技能和培训的工作，如电工、汽车机械技工、管道工和木工。其次是制造业，职位空缺率为 25%。《雇员技能调查》（UKCES，2016）对补充空缺职位存在困难的雇主进行了采访，结果显示技能不足造成的职位空缺使其他员工的工作量增加了 84%。该现象也与如下业务运营瓶颈有关，例如，难以达成客户服务目标，业务被竞争对手夺走，运营成本增加以及延误或难以引入新的工作方法。同时出现不符质量标准的严重问题。

可持续发展的全球框架

实现可持续性发展的全球愿景之关键是创造更可持续发展的生产和消费模式。职业院校的绿色教育是实现这一目标不可或缺的因素。

2015 年 193 位世界领导人达成《联全国可持续发展目标》（SDGs）。该目标是一项旨在消除贫困，应对气候变化以及打击不公正和不平等的十七条计划。目标适用于所有人。要实现《可持续发展目标》十七条计划中的任何一条及大多数的条目目标，需要形成共识，获得公众/工人理解，开设教育专业或提供某些形式的培训。

需要特别指出的是，《可持续发展目标》4.4 和 4.7 专门谈及这个问题：

4.4 到 2030 年，大幅增加具有相关技能（包括技术和职业技能）的青年和成年人的数量，以促进他们就业、获得体面工作和创业。

4.7 到 2030 年，确保所有学习者获得促进可持续发展所需的知识和技能，此外还需要发挥以下方面对可持续发展的带动作用：可持续发展和可持续生活方式的教育、人权、性别平等、和平与非暴力文化的推广、全球公民意识、重视文化多样性及文化对可持续发展的促进作用（United Nations, 2015）。

考虑要点：

教育和培训是实现众多可持续发展目标的关键。尤其是绿色职业教育对于实现这些目标至关重要，并可帮助实现《可持续发展目标》的其他目标。同样，一份明晰的、以可持续发展为导向的职业教育政策可以带来教育和培训以及生活条件等方面的巨大改善。

高质量教育

目标 4.3
所有男女均可平等获得实惠、优质的职业技术教育与培训，包括大学教育

目标 4.4
增加拥有相关技能（包括技术和职业技能）的青年人和成年人的数量，以促进就业、创业和获得体面工作

目标 4.5
消除教育方面的性别不平等，确保弱势群体可平等获得各等级教育和职业培训，包括处于弱势地位的残疾人、原住民和儿童

目标 4.7
所有学习者获得促进可持续发展所需的知识和技能，此外发挥以下方面对可持续发展的带动作用：可持续发展教育和可持续生活方式、人权、性别平等、促进和平与非暴力文化、全球公民意识、重视文化多样性以及文化对可持续发展的促进作用

清洁水和卫生

目标 6.3
通过减少污染、杜绝倾倒和尽量减少危险化学品和材料的排放来改善水质

目标 6.4
提高所有行业的用水效率，确保可持续性的淡水取水与供给

体面劳动与经济增长

目标 8.6
减少未就业、未接受教育或培训的青年比例

目标 8.9
实施促进旅游业可持续发展的政策，创造就业机会，推广当地文化和产品

气候行动

目标 13.3
加强教育，增强意识，提升人类和机构的能力，使气候变化减缓、促进适应性、减少影响并提供早期预警

**图 2　联合国可持续发展目标中的职业技术教育与培训，
《2030 年可持续发展议程》的一部分**

可持续发展教育全球行动计划

简而言之，可持续发展教育这一概念是指利用世界现有的教育和培训系统与公众意识体系，使其成为实施可持续发展的有效手段。可持续发展教育主要是一个影响我们教育系统的新目标，而不是一个新的学科。其目的是改善相关知识、技能、价值观和观点的获取、保持和传播，并重新调整我们现有的学科、专业和成果，以便改变各个层级中存在的不具可持续性的做法。可持续教育有四个主要推手或行动领域：

- 提高公众对可持续发展的理解和意识；
- 重新调整现有的教育专业，以解决可持续性问题；
- 通过可持续发展教育，提高高质量教育的可获得性和持久性；
- 通过专业发展、在职培训课程和培训，促进所有行业的可持续发展（McKeown et al., 2002）。

虽然职业教育与所有这些行动领域有关，但是第二和第四个推手才是职业教育开展绿色教育的牢固根基。

新近发布的《可持续发展教育全球行动计划》关注教育机构在推动未来可持续发展方面的重要作用。为在原有业绩的基础上创造新优势，在2014年《联合国可持续发展教育十年计划》（DESD）到期时，作为可持续发展教育十年计划的牵头单位，联合国教科文组织制定了《可持续发展教育全球行动计划》。该计划有助于实现可持续发展教育十年计划提出的愿景："世界上每个人都有机会得益于教育，有机会学习未来可持续发展所需的先进的价值观、行为和生活方式，以促进社会积极转型"（UNESCO，2014）。

《可持续发展教育全球行动计划》（GAP）要求教育和学习在各个层

面和各领域开展和扩大行动，特别强调在职业教育领域更应加强行动。力求将可持续发展融入教育，并将教育融入可持续发展之中，以推动和升级可持续发展教育行动。

如本指南后面所述，《全球行动计划》的关键点是不仅要在某些学科中教授可持续发展理念，更要重新定位整个学习机构，使社区的每个人都能获得所需的知识、技能和价值观，以帮助他们接纳和坚守可持续性的生活方式并在可持续的经济环境中工作（UNESCO，2014）。

绿色职业教育将有助于转变学习和培训环境，有助于对教育工作者和培训人员开展能力建设，同时力求推动其他优先领域的优先发展，以加速实施可持续发展教育。

联合国鼓励专科院校、大学和社区采取进一步措施实施可持续发展教育，实现新的可持续发展目标。因此，本指南力图将众多的单项举措整合在一起。从长远看，这将有助于职业院校的领导者更好地为其毕业生、社区和职业院校本身提供服务。

本指南旨在帮助院校将不同的举措化零为整，制定行动措施。

总之，在许多国家，职业教育是经济增长和可持续发展的有力推手。要发挥推动作用，职业院校必须培养出具有合格技能的毕业生，以满足雇主和工作的需求。这些毕业生也有能力适应更加社会化的变化模式，比如，可能会影响经济活动的消费和生活方式的变化。

为满足这些需求，职业教育已经从提供行业培训和具体职业技能培训狭隘的任务，转型到提供更广泛的内容，例如培养劳动力，为促进可持续发展的终身学习，培养获得体面工作和包容性成长所需的技能，以及培育有担当的全球公民意识。

下图所示的是推进可持续发展教育的五个优先行动领域（见图3）。

优先行动领域 1

推进政策：将可持续发展教育纳入教育和可持续发展政策的主流，为可持续发展教育创造有利环境并实现系统性变革

优先行动领域 2

转变学习和培训环境：将可持续性原则融入教育和培训环境

优先行动领域 3

教育工作者和培训人员的能力建设：提高教育工作者和培训人员的能力，以更有效地实施可持续发展教育

优先行动领域 4

促进和动员青年人参与：在青年人中推广可持续发展教育

优先行动领域 5

在当地推动可持续解决方案的实施：在社区层面扩大可持续发展教育计划和多利益相关方参与的可持续发展教育网络

图 3　《可持续发展教育全球行动计划》的优先领域

资料来源：*UNESCO (2014)*

第二节

第1步：理解其过程

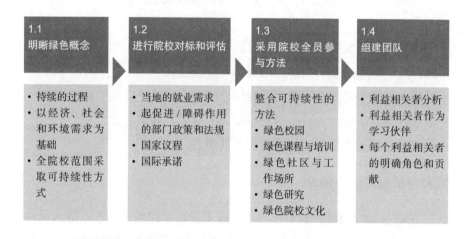

1.1 明晰绿色概念

绿色是一个持续的过程

绿色是一种新兴的、持续发展的现象，应该成为院校理念的长期构成部分。本指南中概述的根本原则是将绿色教育作为一个过程而非终点。这将成为职业院校发展的有益起点。院校绿色建设的持续发展将成为"院校基因"的重要构成部分，影响员工、学生和毕业生的意识，影响院校声誉及其对社区的贡献度。

"绿色"一词很容易被误解。就本指南而言，绿色被视为一种知识和实践的改进过程，目的是使其与可持续性发展的整体概念保持一致。"绿色"远超出了教学的内容。绿色涉及院校运作或企业的方方面面。

绿色将能源、水和废物管理作为必要的入门级别，但也延伸到采购、食品服务甚至人力资源政策，并渗透至院校对文化和社会的贡献。绿色要求人们以对生态更负责的方式进行决策和选择生活方式，为子孙后代保护环境并促进自然资源可持续发展。绿色也与经济相关，因为大多数绿色举措都会对财务产生影响，带来积极的投资回报。在适应院校的教育和培训活动后，绿色可以逐步推动院校系统变革。

使用院校全员参与方法制定院校绿色发展概念。指导意见参见以下清单：

- 是否将可持续发展教育融入院校愿景？
- 是否具有现成的或尚未使用的资源支持该过程？
- 院校利益相关者是否有潜力开展绿色建设活动或呼应此类活动信息？
- 参与教育和培训的人员是否具备相应的意识、知识和能力？
- 外部利益相关者是否了解该院校及其潜力？

院校全员参与绿色建设

在职业院校的绿色教育过程中，需要邀请参加培训和学习的人员参与到院校全员参与的方法中来。这种方法旨在培养绿色教育相关知识、技能和态度，从而在社区、工作场所和其他可以应用知识和技能的环境中践行更可持续的方式。通过学习，还可获得环境友好技能相关的专业资格证或学习证明。总体而言，该方法旨在培养人们的相关能力，促使他们积极参与到绿色经济、可持续和气候适应性社会，并获得终身和体面的工作。

在职业教育中实施可持续发展教育是一个与时俱进的过程，而不应视其为最终结果。院校在绿色建设进程中允许发现和有效地堵塞漏洞。在进程中也应多回顾，看工作是否有成效，并根据需要实施变革。

绿色教育和培训**不应**：

- 对院校或专业进行一次性改造，而应将其作为一个过程融入院校文化中去——可称其为"院校基因"——然后传达给院校最近的社区，在一段时间内进行观察和评估；

- 视其为一个"终点"，而应视其为一个持续的，随着院校、职场和整个社会的需求和机会涌现而进化的过程；
- 视其为额外的成就，而应作为一种目标感根植于教育和培训系统。换言之，绿色教育必须成为核心框架内持续进行的活动，而不是可以束之高阁的一次性成功案例。

摘选 4
美国社区学院的绿色基因组框架

美国社区学院协会（AACC）可持续发展教育与经济中心（SEED center）启动了绿色基因组框架（Green Genome Framework），旨在通过与以绿色教育为重点的劳动力教育专业对标，帮助社区大学发展当地的绿色经济。请注意没有单一途径来促使社区大学实现目标，基因组项目的方法始于四个需转型的院校能力领域（或基因链）：治理、专业开发与办学、战略伙伴关系、社会服务。

资料来源：*Cohen and Feldbaum (n.d.)*

以整体需求为基础：经济、社会和环境

尽管"绿色"一词被广泛使用，但当总体目标是涵盖社会、经济和环境的可持续发展时，它可能会引起误解。社会不稳定所带来的威胁，如宗教或种族狭隘主义，也存在可持续性问题。人口结构的变化，例如老年劳动力的退休和青年人口膨胀及失业模式，也会影响可持续性。社会正义问题、种族主义和个人性取向引发的社会排斥也包括在可持续的问题中。经济和环境活动，比如商品和服务的生产和消费、资源节约型和可再生能源的管理和维护以及支持可持续发展的技术，也是需要考虑的重要因素。虽然"绿色经济"一词影响了术语使用，但值得注意的是，联合国教科文组织和联合国本身在更广泛和更具包容性的背景下使用"绿色化工作世界（greening the world of work）"。需要在这些更广

阔的视野中去接受绿色职业教育。

作为院校全员参与的多维方法

在职业教育中推行可持续发展教育，院校全员参与方法的采用是在推进可持续议程五要素基础上提出的。由于不同国家和行业的职业教育体系处于不同的发展阶段，以不同的方式提供职业教育，因此各院校实施方法大相径庭。职业院校根据所有五种方法推进的相关行动能力也差别很大。其中一些维度未必适用于所有类型的学习环境和条件。本指南可作为理解基本要素的基础，这些要素可以激发最佳的（即使不全面）绿色职业教育推进方法。

摘选 5
通过绿色化南非继续教育与培训（FET）学院培养绿色经济发展需要的技能，南非

南非为成为更加绿色、更加繁荣的国家迈出了重要一步。由经济发展部主持签署的《绿色经济协定》为增加就业机会和社会平等奠定了基础，并吸引了包括政府和社会伙伴在内的多个利益相关方参与。该协定预计将增加南非人充分参与绿色技术革命的机会，以减少对煤炭能源的依赖，发展地方产业，并为工人、小企业和合作社创造更多机会。加强技能培养和扩大培训项目，掌握绿色经济发展所需的技能，是干预措施的核心所在。结合国家技能协议，南非教育和培训机构以及继续教育和培训学院正在制定与绿色经济相关的计划和项目。高等教育和培训部（DHET）正在扩展与绿色经济技能需求相关的培训计划，新计划将会考虑绿色经济的需求。再培训和进修课程也是技能议程的部分内容。

同样，南非继续教育与培训学院的绿色工作重点是建立特殊绿色档案，并将绿色问题纳入选定的继续教育与培训学院的培训中。高校的绿色教育基于五个战略维度，这些都被纳入学院综合管理系统框架。经与德国国际合作协会（GIZ）和高等教育和培训部合作，已在 11 所继续教育与培训学院推行多项举措。他们的目标是：

- 通过可再生能源和能效技术培训，支持合格的继续教育与培训讲师获得持续性的专业发展；
- 为国家职业资格证书［NC（V）］学员开发新的可再生能源和能效技术相关的选修课程；
- 启动各种类型的继续教育与培训学院绿色教育活动，以提高可持续发展基本意识，并作为实施可持续发展交叉学科的主题。

资料来源：*South Africa (2011), Singh and Feuerrigel (2013)*

1.2　进行院校对标和评估

独木不成林，职业院校总是处于大的背景之中。要充分了解院校所在环境中自己的职责使命和政策制度，这是非常重要的。从国际到国内，再到省和地方的举措，这些政策可能会影响职责的执行和可以获得的资金数量。了解当地就业需求和学生志向也是至关重要的。了解国家部门法规（例如禁止使用消耗臭氧层物质的环境法）、国家战略规划（如绿色增长战略，在 2030 年之前培养出熟练的劳动力队伍的目标）或国际承诺（例如，国家同意履行国际环境协议）也同样举足轻重。院校的发展可以从自上而下的建设性政策环境中受益。

摘选 5 和摘选 6 中的示例展示了院校战略与国家和部门政策议程的密切对标情况。

将院校绿色教育举措置于整个国家（或部门、地区）议程中，可作为评估院校对该议程支持能力的第一步。

以下问题有助于进行初步评估：

关于教育和技能发展、环境和经济的国家目标和行业政策
- 存在哪些政策？

如果政策确实存在：

• 政策中反映了可持续发展的哪些方面？

• 职业教育在实现教育或技能发展目标或综合教育／环境和经济议程的整个计划中处于什么位置？

以下有助于建立院校与更广泛的政策议程的联系：

• 现在的院校目标是什么？

• 它是否追求政策中规定的可持续性相关的具体目标？

• 在制订可持续发展教育综合规划时，当前院校的优势、劣势、机会和威胁有哪些促进／阻碍作用？

如果该院校的愿景和未来贡献已明确：

• 院校可以追求哪些新目标？

• 院校在多大范围采取行动？

　　一旦确定相关性，并且院校可能采取的行动与绿色政策的对标结果明确，就可以决定是否针对绿色职业教育采取院校全员参与方法，或者分解为更易于操作的项目和分步推进的方法解决特定问题。绿色职业教育的院校全员参与方法很大程度上取决于现有的战略规划。战略规划应予审查，使其反映院校明确界定的绿色发展目标。

1.3　采用院校全员参与方法

　　职业院校可以通过五种方法实现可持续发展。启动时有必要从少数方法入手，避免失去重心（虽然这取决于院校的现状），并根据后续资源状况扩大行动范围。

职业院校实现可持续发展的五种方法

　　以下讨论的是在职业院校可持续发展的重要方法，以及在特定环境中每种方法的适用条件。每种方法都给出工具和方法示例供查阅或参考，以便院校采取切实行动。

摘选 6
通过教育和培训实现"毛里求斯岛可持续发展"，毛里求斯

毛里求斯政府的愿景是把毛里求斯发展成为可持续发展的典范，特别是成为小岛屿发展中国家（SIDS）的典范。"毛里求斯岛可持续发展"（MID）是个共同愿景，政府和不同的利益相关方参与弘扬毛里求斯的可持续发展文化。行动的优先领域之一是教育和培训。技能、知识和理解是实现"毛里求斯岛可持续发展"的核心要素。它们通过环境保护和促进经济发展将社会福祉与包容性结合在一起。

毛里求斯培训与发展研究所（MITD）作为强有力的培训单位，在引导毛里求斯职业教育发展方面发挥了重要作用，它通过提升绿色技能推进可持续发展转型，从而完成其使命。它认识到有必要重新设计现有的培训计划，以便整合与可持续发展相关的能力，从而使现有的工作绿色化。同样，制定新的能力建设培训计划，以满足新出现的绿色工作岗位的需求。这是毛里求斯培训与发展研究所议程与国家战略对标的基础。

资料来源：*Cohen and Feldbaum (n.d.)*

1

绿色校园

旨在提高校园的综合管理水平，以改进可持续管理机制。旨在实施可持续性原则；资源配置；确保该院校的财务回报和收益。

2

绿色课程与培训

旨在将可持续性纳入现有课程和培训。力求在课程和培训中嵌入环境相关内容和绿色技能。在此过程中，教师和培训师逐步具备所需的能力以教授跨学科或特定能力领域的相关内容。

3

绿色研究

旨在促进可持续性原则在研究理念、内容、道德和标准中践行，院校正可以用这种方法收集并传播对学习共同体有用的资料。该院校的参与者全力开展可持续性方式的应用研究并共同制订解决方案。

4

绿色社区和工作场所

旨在与企业和社区共同制定和实施该院校的可持续发展规划和计划以实现共同目标，并使工作场所的可持续做法和可持续生活方式成为一种常态。

5

绿色院校文化

旨在将可持续性融入该院校的方方面面。绿色文化意味着可持续发展成为院校所有策略和计划必不可少的部分。利益相关方取得的成效显著，在院校所取得的各项成果中处于突出位置。

图4　职业院校实现可持续发展的五种方法

可持续发展方法 1：绿色校园

目标：加强校园可持续管理机制

"校园"最初是指各种物理特征的绿色化——建筑物、景观、维护规程和校园服务。最初目标通常是降低与资源使用相关的成本（如能源、水和废弃物），以及减少和更好地管理院校的温室气体足迹。节约的资源通常被用来支持院校内整体绿色规划。

该过程需要调整院校管理目标和方法，以提高院校运行的整体效率、达标性和成本效率。为达到这些经济目标，可调节校园设施以符合新的建筑标准（或实施规程），并提高能源效率，或在减少水资源用量的同时改善地面的环境条件和加强观赏性。

除了建筑物及其维护外，食品、采购和交通等其他服务也通常被视为绿色校园工作不可或缺的组成部分。绿色校园应成为一个更宜居、更理想的工作场所，具有良好的空气质量和光照，以简化学习流程并提升学习成效，为社区成员提供一个更安全的场所，为残疾学生提供更多的便利。绿色校园意味着使院校成为践行可持续生活模式的典范，成为传授可持续发展思想、技能和创新理念的包容性实验场所。同样这也是具有可持续性的健康、安全场所，为来自所有社会群体的学生，不管其宗教信仰和性别如何，提供学习专业技能，获取知识、技能和正确态度的机会，使之获得正式的职业资格，此外，帮助他们获得可持续性工作并践行可持续的生活方式。

成效

- 可持续性原则应用于院校的管理架构、理念和服务、学习过程和实体场所；
- 配置资源以支持院校绿色建设工作；
- 通过节约成本、改善设施和推动院校发展为院校带来财务收益和优势地位。

实用工具

- 实体场所：测量能源和用水效率的计算工具；碳足迹、能源和成本节约；食品废物处理准则；废物管理准则；交通和采购准则，建筑法规；
- 非实物方面：性别融合和性别敏感性准则，全纳准则；校园可持续性准则。

资料来源

- 校园可持续发展实践

  http://www.mass.gov/eea/docs/eea/lbe/lbe campus-sustain-practices.pdf
- 校园新能源

  http://community-wealth.org/sites/clone.community-wealth.org/files/downloads/tool-apollo-campus-energy-saving.pdf
- 学生权力计划指南

  https://ec.europa.eu/energy/intelligent/projects/sites/iee-projects/files/projects/documents/mobilise_energyaware_student_power_scheme_guide_en.pdf
- 废物管理和回收

  http://www.georgebrown.ca/about/sustainability/ waste-management-and-recycling.aspx

可持续发展方法 2：绿色课程和培训

目标：将可持续性融入现有课程和培训

除了绿色校园外，在院校和公司环境下建设绿色教学内容也至关重要。明确短期技能需求，了解技能需求的动态变化，有助于培养绿色思维，使学生在动态的绿色经济中发挥作用。为此，需要相应地调整相关教学内容和培训，使得传授的知识和技能满足劳动力市场当前结构、技术和工作任务的需求。也要确保经过培训可以掌握实用的技能，从事更可持续的工作或引入绿色职业的新概念。

每个学科都可以促进对可持续性发展的基本认知及其对未来世界重要性的理解。绿色课程不仅涵盖环境问题，还应考虑社会和经济方面及其对技能需求的影响。开展就业指导和实施技能提升计划可以提升学生技能与经济发展需求的匹配度，加快学习者对可持续发展的有效学习进程。

课程开发的内容越来越丰富。联合国教科文组织对课程的定义为：学习者在正式和非正式环境下通过有组织的学习获得系统设计的能力组合（即以价值观为基础的知识、技能和态度）。本指南以可持续发展的内容、目标和结果为依归对课程概念进行了适当改写。本指南将课程定义为：系统有效的理论与实践学习计划，顺利完成后可达到与可持续发展目标相契合的教育目标。

绿色课程和培训指在正式的职业教育课程中，在为年轻人和成年人提供的非正式的公司培训／学习中引入可持续发展的概念和实践，使他们能够获得实用技能并参与绿色转型发展。

成效

- 与环境相关的内容和绿色技能成为职业教育课程和培训开发的新内容；
- 支持教师和培训人员建立信心和能力，在不同学科教授可持续发展的内容；
- 学生掌握社会和经济发展需要的、职场重视的知识、技能和能力；
- 学生在可持续性内容的持续学习过程中获得充足的信息和指导。

实用工具

- 国家或地区课程框架；职业标准、培训标准、培训需求分析、绿色技能需求分析、可持续教育整合框架和教师能力标准。

资料来源

- 评估可持续发展学习成果

  https://flemingcollege.ca/PDF/Sustainability/AssessingTheSustainabilityLearningOutcome_June2016.pdf

- 可持续发展课程审查

  https://cassidyinview.files.wordpress.com/2013/06/sthle2014_researchposter_final_15april2014.pdf

- 9 至 12 年级马尼托巴可持续能源职业技术课程成果框架

  http://www.edu.gov.mb.ca/k12/cur/teched/sytep/sust_energy/full_doc.pdf

- 可持续发展课程框架

  http://www.environment.gov.au/system/files/resources/9b2e74ca-c909-4d57-bae3-c515c20957de/files/curriculum-framework.pdf

- 理解和减少项目环境足迹的方法

  https://www.epa.gov/sites/production/files/2015−10/documents/methodology_0.pdf

- 职业教育和培训促进可持续发展试点项目

  https://www.bmbf.de/pub/Sustainability_in_Everyday_Working_Life.pdf

- 可持续发展目标框架

  https://www.thecommonwealth-educationhub.net/wp-content/uploads/2017/01/Framework_for_SDGs_Jan_2017.pdf

- 土著视角的课程

  https://department.flemingcollege.ca/aboriginal/indigenous-perspective-curriculum/

- 绿色建筑课程

  https://www.palmbeachstate.edu/programs/TradeIndustry/documents/GREENING_0F_OF_CONSTRUCTION_CURRICULUM.pdf

可持续发展方法 3：绿色研究

目标：在研究原则、内容、理念和标准中运用可持续性方法

　　绿色研究是，而且必须是院校文化的构成部分。绿色研究就以下几方面进行概念、信念和理论的研究：如何进一步更好地管理绿色运营、绿色产品和学生 / 培训生 / 社区取得的绿色成果，以及如何纠正不具可持续性的消费和生产模式。此外，绿色研究激励教师和学生开展科研并找到实际的解决方案。

　　绿色研究工作包括系统收集数据，以支持学生、教师和社区达到目标，建立并获取充分的劳动力市场数据和现有技能需求和技能预测的信息。这些信息有助于决策，也可指导学习者顺利获得体面的工作和生活。除了确定研究主题外，道德原则、研究步骤以及寻找适当的信息源也是研究过程的核心部分。

成效

- 该院校根据研究数据执行可持续发展原则和规划，并传播可持续发展信息；
- 该院校积极主动地收集对学生、毕业生和学习共同体有益的劳动力市场信息和数据；
- 教师和学生参与可持续性应用的研究项目并提出解决方案；
- 该院校在跨学科的研究过程中以负责的态度主动采用研究伦理标准。

实用工具

- 包含可持续性原则和理念的研究手册；
- 劳动力市场趋势和分析；
- 特殊兴趣和学术研究。

资料来源

- 加拿大院校和研究所在推动加拿大和国外可持续发展教育方面的作用

  https://www.collegesinstitutes.ca/resources/
- 城市园林工程的绿色研究

  http://www.p3rd.ca/gbc_garden.pdf
- 吉尔吉斯斯坦农工业绿色技能

  https://assets.helvetas.org/downloads/130617_greenskills_report_akmena_

  e_original.pdf
- 职业教育中的可持续发展教育：菲律宾案例

  http://www.edu.su.se/polopoly_fs/1.204488.1411628990!/menu/standard/

  file/Elisabeth%20Thienemann%20No.%2027.pdf
- 采矿业的绿色技能

  http://greenskills.co.za/wp-content/uploads/2015/07/MQA-Report-Green-

  Skills-for-Mining.pdf
- 芬兰——学校和教育机构中的可持续发展

  http://www.oph.fi/download/47720_kekenglish.pdf

可持续发展方法 4：绿色社区和工作场所

目标：让行业、企业和广大社区参与院校绿色发展规划和项目

　　鉴于绿色商业已经成为商业领域的首要发展任务，因此需要培养学生掌握职场和社区需要的可持续性发展的基本知识。因为在这些地方，学生掌握的技能也是当地或社区发展必不可少的部分。"绿色工作场所"与工作本位的绿色课程不同，前者侧重于职业教育在绿色工作环境或企业建设方面所发挥的促进作用，后者重在工作环境中教授给学生或员工的绿色课程内容。简而言之，这就意味着对于能够减少环境影响的商业活动要大力推广，并尽可能地共同制定可持续性发展规划和项目，以解决当地问题。

　　将绿色发展融入企业组织架构和业务发展中，与将可持续发展纳入企业运营规范，两者同等重要。不发展当地技术和资源从而使当地市场和企业得以可持续发展，就不可能建成绿色社区和绿色工作场所。

成效

- 院校促进可持续的生活方式、消费和生产；
- 院校保留当地和土著社区根深蒂固的可持续发展方式；
- 学校和合作伙伴参与可持续发展项目；
- 院校建立商界、当地行业和企业的合作伙伴网络，并探索实现循环经济的原则；
- 院校有能力影响社区和工作场所人员。

实用工具

- 社区或市政发展规划；全社区和社会公民项目；公司企业社会责任（CSR）项目；
- 将土著社区实践知识融入教学资源和课程；
- 培训规定；培训法令；学徒制框架和准则；培训征税；
- 技能部门对未来技能的预测。

资料来源

- 注册学徒的绿色教育
  https://www.doleta.gov/oa/pdf/Greening_Apprenticeship.pdf
- 加拿大管道工水资源可持续性培训试点项目
  www.allianceforwaterefficiency.org/WorkArea/DownloadAsset.aspx?id=8843
- 可持续制造业：导师指南
  https://www.epa.gov/sites/production/files/2015−02/documents/module_3_facilitators-guide.pdf

可持续发展方法 5：绿色院校文化

目标：将可持续性发展融入院校的各个方面

　　校园内的实践和文化为院校所有的教职员工和学生确定基调和发展期望。院校的理念应该与课程、院校绿色发展规划（IGP）以及该规划中的项目相呼应。校园文化通过招聘晋升程序、评估计划、奖励和庆祝活动可以彰显院校的发展愿景，校园文化还应该体现在管理人员、教师、工人和学生的日常行为中。校园文化最终应该成为院校品牌和声誉的一部分，使毕业生更易于找到更好的工作，同时更好地服务于社区市民和企业。

成效

- 追求可持续发展成为院校所有战略和计划的一部分；
- 可持续发展技能和原则应用于日常生活和决策中，同时也体现在与院校利益相关方的互动中；
- 新获得的知识、技能和能力可以改善专业实践、工作流程和工作方法；
- 院校文化建立在可持续发展的价值观和道德标准的基础之上。

实用工具

- 战略规划；监测和评估工具；
- 针对毕业生的追踪研究；
- 绿色职业教育的范例。

资料来源

- 加拿大院校和研究所在推动加拿大和国外可持续发展教育方面的作用 https://www.collegesinstitutes.ca/resources/
- 将可持续发展融入组织文化中

http://nbs.net/wp-content/uploads/Systematic-Review-Sustainability-and-Corporate-Culture.pdf

- 社区院校绿色化框架

http://theseedcenter.org/Special-Pages/ACC-151-Green-Genome-Report(sm)1-17.pdf

- 学生宿舍可持续性发展生活指南

https://www.sustainability.upenn.edu/sites/default/files/RA%20GA%20Sustainability%20Manual%202013-2014.pdf

- 大学绿色教育工具包

https://wedocs.unep.org/bitstream/handle/20.500.11822/11964/Greening%20University%20Toolkit%20V2.0.pdf?sequence=1&isAllowed=y

- 绿色技能和生活方式指南

http://unesdoc.unesco.org/images/0024/002456/245646e.pdf

院校的每项活动都应制定短、中、长期目标。通过评估绿色职业教育的规模可以帮助制定上述目标。目标制定还要与绿色发展详细的路线图保持一致。

也许更为重要的院校发展支柱是文化。这个支柱可以成为绿色建设过程的指导机制。绿色价值观和道德标准与知识、技能和能力一起构成社会变革的重要基石，影响到所有其他行业（如经济和环保）。

这种绿色文化必须渗入院校的所有人员，包括从最高级管理人员到新入职员工。在制定政策和行为实践中必须要理解文化，还要一以贯之地突出这一点。

管理项目评估方法

在启动较小单位或项目的绿色建设时，对单位/项目/院校致力于解决的问题进行深入分析是有益的。希望逐步开展绿色建设的院校可以对局部问题进行分析，以便为绿色进程提供信息和启发。

实施基础性的绿色项目规划的方法示例参见问题树分析。[①] 这种方法对于具有雄厚实力的院校来说较为理想，可以解决关键问题，同时对院校职责使命的契合度也会有清晰的认识。

可在以下位置查看更多问题树：www.ilo.org/wcmsp5/groups/public/@ed_dialogue/@sector/documents/meetingdocument/wcms_161134.pdf

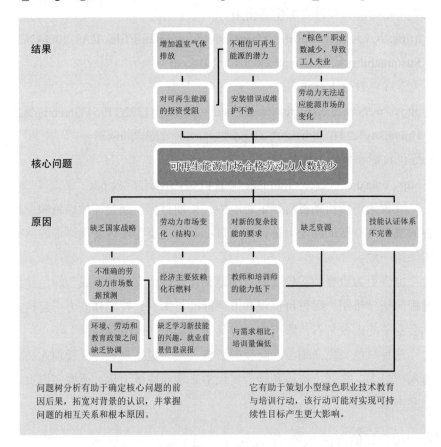

图 5　可再生能源领域关于技能发展的问题树分析示例

资料来源：作者

---

① 还有其他方法可用于分析现状和组织的内外部能力与环境。尽管这些方法大都应用于公司部门，但是他们却是通用原则。院校环境适用的方法还有"外部环境分析"和"品德、资本、还款能力、抵押、经营环境分析"。

1.4　组建团队

需要广泛参与

绿色建设过程涉及的范围很广，所有参与者（包括学生、教师/培训师和学校管理者）都可以成为学习伙伴参与其中。强有力的团队协作既要信息灵通，还要责任交叉。

绿色院校建设有共同的特点，但每个院校又有独到之处。目前的方法是向所有人员宣传可持续发展的概念，提出各种行动要求。可持续发展所固有的挑战和概念也要做出说明。一旦理解了概念，了解了行动的必要性，就可确定单个系统内的建设能力水平。

换言之，需要邀请团队成员、学习者和商业伙伴共同踏上可持续发展的、光明的未来旅程。需要理解的是这个持续的旅程具有更高的目标，可以为人们带来更高质量的生活，同时还充满乐趣。在为共同利益服务的同时，还可以为所有人提供学习经验。

为第 2 步做准备

现在第 1 步已完成。可以理解绿色职业教育不仅包括可持续发展教学，还包括理解和应用可持续发展概念。这意味着根据可持续发展原则，采用院校全员参与方法真正"经历"可持续发展生活，并在体系日常运作中反映出来。它指在整个学习环境（包括校园、政策、实践甚至考试标准）中践行可持续发展理念。"变革学习和培训环境"不仅关乎以更可持续方式管理设施，还关乎改变整个院校的理念和治理架构。在可持续发展教学中，教学人员和学生看到、理解并参与推进绿色建设过程，同时学习和实践未来职场所需要的、可迁移的方法和技能。在制订院校绿色发展规划（IGP）时能够明确这些需要，将非常有益。

第 2 步：为绿色职业教育制订规划

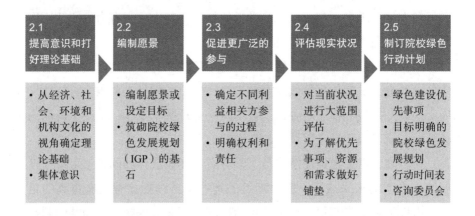

2.1 提高意识和打好理论基础	2.2 编制愿景	2.3 促进更广泛的参与	2.4 评估现实状况	2.5 制订院校绿色行动计划
• 从经济、社会、环境和机构文化的视角确定理论基础 • 集体意识	• 编制愿景或设定目标 • 筑砌院校绿色发展规划（IGP）的基石	• 确定不同利益相关方参与的过程 • 明确权利和责任	• 对当前状况进行大范围评估 • 为了解优先事项、资源和需求做好铺垫	• 绿色建设优先事项 • 目标明确的院校绿色发展规划 • 行动时间表 • 咨询委员会

　　既然理解了职业教育绿色建设过程，下一步就是开始编制包含中长期目标和指标的总体规划。然而，要重新定位整个机构以便更好地服务学生及其社区，需大量周详的准备和筹划。由于缺乏沟通或咨询而导致初次绿色建设尝试失败的院校，往往会使员工和学生产生排斥情绪，后续建设将更加困难。每个院校都是独一无二的。以下是制订院校绿色发展规划时要考虑的行动或产品，规划体现了院校绿色发展的综合对策。

　　首先需要确定院校的主要参与者（核心团队），由他们启动并推进绿色建设进程。理想状态下，他们可以体现院校集体智慧，负责建立和传播绿色建设的理论基础。

2.1　提高意识和打好理论基础

　　确定院校全员参与方法的理论基础可能是最重要的一步。如果没有这个理论基础，除非工作人员都意识到参与绿色建设的必要性，否则很难将可持续性发展理念永久地融入院校文化中。如果核心团队能够传递绿色建设的紧迫感并使人意识到变革的必要性，全体员工将会深信马上采取行动非常重要。

必须将这项工作当作为学生、社区、工作人员和院校服务的过程，而不是仅仅为院校行政部门服务，这是非常必要的。最后一点，理论基础必须广泛传播。

制定理论基础

职业院校现已制定明确目标，将绿色建设与国家议程结合起来。除了早期进行的外部力量（正面和负面）评估之外，对校内存在的那些对立力量进行系统的或情境化分析也很重要。然后，要在理论指导下设计下一步行动，包括编制清晰的院校愿景。

图 6　建立理论基础——关键考虑因素

资料来源：作者

一旦明确了院校应该开始绿色发展的缘由，应该在院校不同层次的利益相关方之间分享和讨论。理论基础只有经过有效传达、讨论、改进，最终在院校不同级别的参与者间达成共识，才算完善。

摘选 7
南非采矿业的绿色技能调查

在南非开展的一项研究项目，有助于说明如何通过分析职业信息来建立坚实的理论基础以培养绿色技能，并促进对理论基础的了解。机构可以从小型项目或培训干预着手，再做好准备使技能开发和培训战略适应可持续性，并扩大他们所提供的资历在环境方面的应用范围。该研究是在南非矿业资格管理局（MQA）的主持下进行的，旨在为其他绿色技能开发规划方面的决策和指导提供信息。目标是确定采矿价值链中所需的绿色技能，确定哪些绿色技能是稀缺的以及这些技能和挑战的供应链和影响职业道路的因素是什么。

煤炭开采行业的背景分析是采取的几个步骤之一，揭示了采矿业绿色技能的驱动因素。其他措施包括：绘制煤炭开采行业的价值链，以充分了解采矿企业所涉及的过程、活动和职能，从而确定该行业的绿色技能组成部分，使实践更具可持续性。这些着重考虑以下方面：

• 社会经济因素（包括目前仍有强大影响力的历史因素）；
• 政策和法律因素，包括适用各种技术驱动因素的采矿和环境法律；
• 一般的环境因素，与气候变化、空气质量和工人健康、水资源、废物和生物多样性有关。

资料来源：*Rosenberg (2015)*

摘选 8
在牙买加建立绿色职业教育的理论基础

促进绿色技能并将绿色行动与职业教育可持续发展目标对标，这是牙买加职业教育发展的重要目标。在人员就业与人力资源培训信托基金会（Heart Trust）和国家培训局的领导下，全机构努力的理论基础是能够为学习者和工人提供技术、知识、技能和态度，以通过保护、回收举措和可再生能源确保可持续发展。人员就业与人力资源培训信托基金会 / 国家培训局（Heart Trust/NTA）通过一系列活动向几个主要利益相关方传达了这一举措。例如，它组织了一次研讨会，通过这一过程吸引牙买加的几个参与者和利益相关方参与。

资料来源：*Heart Trust/NTA (2016)*

2.2　编制愿景

应该广泛了解院校执行现有国家政策的潜力。一旦汇集了确定大方向的所有必要信息，就可以开始编制愿景。所有教职员工都要参与，因此在愿景编制结束时，人们必须清楚地了解绿色发展的目标，了解建设成功的标准以及个人如何做出贡献。这也是编制愿景的重要一步，可能需要院校内外的专业人士参与进来。

院校绿色发展规划应与整个院校总规划或战略计划保持一致并融入其中，并与其他现有和提议的院校政策、计划和实践保持一致。如前所述，如果院校规划与国家和国际行动相衔接，也是有帮助的。通过这种衔接有助于开发新的合作伙伴并创造协同感，增强动力，扩大规模，突出绿色建设工作的重要性。除了国家和国际上的协同之外，还必须与当地工业和其他雇主保持衔接。与这些部门保持对接将有助于课程重构的长远规划，也可以开发新课程，以便为学生和社区提供更好的服务。

2.3 促进更广泛的参与

多元参与应该在愿景编制的最早期就开始。院校领导如果制定自己的愿景，然后让其他人执行任务，这是不会取得成功的。除非他们能调整愿景，给予员工编制过程的参与权，否则不能成功。理事会、管理团队、员工、学生团体和社区应接受并承担编制过程中的权利和责任。只有同心协力、全力参与才能拥有激情。

2.4 评估现实状况

在确定目标、指标、职责和测量工具之前，应对现状进行大范围评估。

用于广泛审查的变更管理工具是力场分析（FFA）。力场分析由库尔特·勒温提出，用于分析复杂情况下的各种因素。它通过现状的支撑力量或压力（制约力）以及向预想目标变革的力量（驱动力）来分析问题。对组织系统的制约力和驱动力进行评估，可以了解对立力量间的平衡状态。当驱动力超过约束力时，评估结果可能引发变革。

在此过程中，各个团体在了解自己责任范围的基础上，完成力场分析的三步流程（然后是第四步，将计划转为有效行动）。

摘选 9
力场分析

力场分析 –1：确保参与者理解并接受宏观愿景和目标。其中包括理解确定优先考虑因素的理论基础。解释为什么这样做会使学生、社区和院校受益。根据短、中、长期目标，拟定进程时间表。务必采用透明的反馈机制，对行动进行微调。

　　力场分析 –2：鼓励团队探究和列举需要解决的现有困难，以及有利于绿色建设的积极因素或良好态势。组织不同利益相关群体或员工部门开展几次训练是很有帮助的。其宗旨是吸引尽可能多的人参与其中，以获得各方面的意见和建议。让每个人（包括学生和社区）都有责任感，都有自己的意见得到尊重的感觉。

　　许多工具可用于此过程。图 7 为力场分析示例。在这种方法中，目标置于图表的顶部。在图表中间绘制一条波浪线，然后将可能阻碍预期绿色建设工作的负面因素与线下方的正面因素分开。这个概念是为了尽可能清晰地描绘现实状况。所有的正面和负面因素都被收集和记录下来。社区或雇主需求变化、废旧设备或教师专业知识和 / 或兴趣等问题应列举出来并录入。负面因素的例子包括管理疲劳、社区参与意识低、管理系统问题、资源稀缺、工作压力（内部）和优先事项（外部）等。正面因素包括领导承诺、社区活动、预期节约成本、新的环境法规和公众需求等。需要对这些因素进行分析，以充分了解对立因素之间的平衡状态。

　　力场分析 –3：下一步是汇集整个院校开展的各种力场分析，对当前情况形成总体评估。这种总体评估对于决定优先事项，确定资源（例如：人员、资金、知识）和需求（例如：设备或招聘需求）等至关重要。员工和行政部门认为这些资源将有助于院校绿色建设的成功。

资料来源：*Dent and Goldberg*（*1999*）

目标：改革课程和培训，教授绿色技能

社区内缺乏兴趣和理解

缺乏院校或国家政策

抵制变革

筹资

阻碍力量

促进力量

与不同利益相关方和参与者（包括部委和私营部门）合作

用于分享知识和实践的信息通信技术

强制要求传授技能

该评估是在国际职业技术教育与培训中心职业技术教育与培训领导力计划（2016 年 10 月）期间进行模拟练习的一部分。职业技术教育与培训的愿景是进行院校的课程和培训改革以便能够教授绿色技能。为此，一群职业院校领导人试图利用力场分析来分析促进（推动）和阻碍（制约）愿景实现的因素。对当前现实的评估表明，有源自院校内部（缺乏兴趣、抵制变革）和外部能力方面（筹资、缺乏国家政策）的阻碍因素。

但是，也存在着在院校可控范围内的促进因素。如果经证实抵制是源于沟通问题，那么通过解读绿色技能传授这一任务，让人们全方位理解该任务和明确院校履行该任务的潜力，这一问题就能得以解决。在这种情况下，院校强制要求教师传授绿色技能可能是将抵制转化为动力，提高认识和获得理解的最有力手段。此外，现有合作也可能是与筹资问题相关的潜在因素，因为支持该院的利益相关方可助力资源调度和提供物质支持，从而实现这一愿景。

图 7　采用力场分析法进行主要评估的示例

资料来源：作者

2.5　制订院校绿色行动计划

完成力场分析后，可以确定优先事项并编制院校绿色发展规划。所有需完成的工作不可能一蹴而就。由于资源制约，或者现有政策或工作人员存在的局限性，因此有必要制定优先事项清单。信息透明度很重要，所以工作人员有必要要了解哪些是优先事项以及这些事项是如何确定的。院校绿色发展规划应该制定短、中、长期目标和指标。资金、问责制和成功指标都是院校绿色发展规划的组成部分。短期目标是确保即时性和开始行动，而长期目标提供指导并体现愿景，反映院校发展进程和规划目标。院校绿色发展规划应具有特定的时间表，以便在必要时进行审核和修订。

绿色校园

院校运行的目标和方法通常与提高院校办学的整体效率、连贯性和成本相关。为实现经济目标，需要调整校园设施以符合新的建筑标准（或实施规程），并提高能源效率，或在减少水资源用量的同时改善地面的环境条件和美观。制订新的保护规划，确定社区可以受益的运行方式，是引入绿色校园规划并促进顺利落地的良好开端。

加拿大乔治布朗学院制定了 2020 战略，致力于创造一种大学体验，确保以更负责、更道德、更有效的方式使用资源，提高学生的满意度。目标在于引导财务和物质资源，使学院能够以负责的方式发展，并为整个社区的利益改善大学环境。该战略的核心是具体的绿色行动计划。

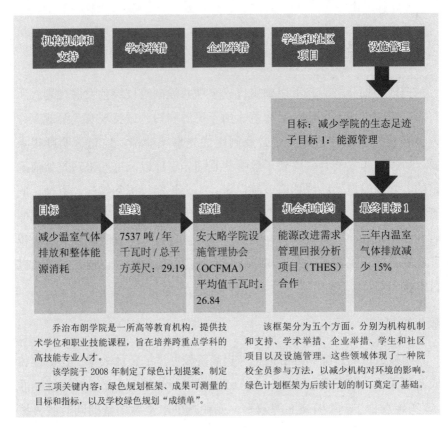

图 8　绿色发展规划框架示例：加拿大乔治布朗学院

资料来源：*George Brown College (n.d.a)*

绿色职业教育的课程和培训

　　将可持续性发展纳入课程和培训是院校绿色建设进程的核心所在。正如第 1 节所讨论的，职业教育专注于为企业提供一系列技能，以处理工艺、技术、物质流和环境影响等相关问题。绿色建设产生很高的经济和就业价值。绿色建设必须力求培养能够促进包容、竞争、公平和有担当的社会发展的职业教育毕业生，与社会发展形成互补。

　　许多可测量的教育和培训成果（例如全球公民意识、合格的专业人员、有批判性思维的个人、有进取心的个体）依赖于强有力的输入，例如，开展培训传授知识、技能和能力，并提高其掌握程度。绿色职业教育的课程和培训的开展需要考虑教育成果。根据第 1 节所讨论的向绿色经济过渡所需要的技能发展趋势（Strietska-Ilina et al., 2011），工作方式将发生改变，需要新技能的工作会出现，现有的工作岗位将更加环境友好或将会调整以减少其生态足迹。

　　将额外的技能整合到课程和培训中并非轻而易举，因此需从三个层面考虑课程和培训绿色建设的进程。从实际可操作的角度看，需要调查劳动力市场的需求，考虑职业的环境可持续性因素，并将这些需求与现有课程目标进行比较，找出差距，并决定填补差距的有效策略与方法。准备完整的职业任务清单，列出职业的环境影响，这是个很好的开端。

表 2　整合技能需考虑的三个层面

宏观 / 系统层面	• 在当前的院校规划框架中引入新技能 • 高级培训需要增加职业资格证书 • 特定环境技术职业的专业化 • 经济、社会和环境驱动因素
中观 / 院校层面	• 行业和职业院校之间的协调 • 社区或行业对技能的需求 • 培训机构的可持续设备
微观 / 专业层面	• 教学媒体 / 教学材料 • 教师和讲师的培训 • 学习者的基本技能

　　以下为课程和培训方法调整的示例。这些调整的依据是：
• 工作任务对可持续发展技能的需求水平；
• 商业领域的要求；
• 与职业资格框架的匹配性。

摘选 10
马来西亚职业技术学院调整现有的文凭专业，开发新课程

马来西亚绿色技术的发展离不开能够给他们提供绿色支持的劳动力。该案例着重研究位于森美兰州的波德申理工学院的电气工程（能源效率）文凭专业。要求确定工作场所的需求，开发颁发学历文凭的专业。

研究小组开展了"专业需求分析"研究，以证明该专业的合理性，并确定课程开发必需的知识和技能。该研究从分析相关文件和其他资源着手，以确定该专业开发的必要性。这些提供了所需的二手数据。利用问卷调查和半结构调查工具，获得下一份主要数据。调查对象锁定在三组受访者：潜在学生、行业和员工。数据采用定量的方式分析，并辅以定性分析。调查结果用于证明要开设专业的合理性，并为课程开发准备资源。

在课程开发开始之前，研究结果已提交给高职教育部的决策机构报批。制定的课程已提交给课程委员会，因此其成员可在最终批准之前提供意见。

一旦获得批准，该系部就开始寻求财务拨款，以准备设施、设备、人员选聘及培训。在这个具体案例中，新专业以现有的文凭专业——电气工程文凭为基础，并进行了一些必要的修改。修改项包括以下附加要素：

• 能源效率和节约；
• 能源测量和仪器；
• 可再生能源（RE）；
• 电力设施基础；
• 能源管理和审计。

刚开始，该职业技术学院配备了风车和太阳能电池板的组合设施，以生产可再生能源并储存在电池中。存储的电力用于夜间电气工程系的走廊照明。这些资源可用于支持该专业的教学活动。

此外，一些现有设施和设备被共享，并采购了新设备。现在面临的主要问题是设法获得财政拨款和人员聘任。

资料来源：*UNESCO-UNEVOC (2015a)*

摘选 11
将可持续性要素纳入格林纳达的特定领域能力课程

根据加勒比共同市场（CARICOM）就业教育计划（C-EFE），加拿大和加勒比地区的机构开设了环境可持续性实践（ESP）专业，并联合开发了主要针对格林纳达绿色经济的职业教育专业。为了确保专业是需求驱动的，因此需要通过劳动力市场调查评估社会和劳动力需求。它还通过工作分析工作坊来确定和验证能力需求，用于后续开发课程。这些工作坊汇集来自各专业、机构和公共部门的多个利益相关方，他们对就业和工作环境的可持续性方面有着深入的理论认知。鉴于目前格林纳达缺乏经验丰富的工人，提供不了有关所需工作和任务的全面信息，因此采用了这种过程。课程的实际开发是为了将能力与课程联系起来，编制教学大纲，分析专业课程与开设专业的牵头院校（例如格林纳达的玛丽秀社区学院）采用的学分制和加勒比大区域教育学分制的对应关系。通过模块开发，最终专业也与现有的职业资格框架对接起来。该项目确定了 22 项能力，开发了 24 门课程。该专业采用跨学科的建设方法，将可持续性要素融入具体领域能力之中。

资料来源：*Gagnon et al. (2014)*

摘选 12
澳大利亚为专业与培训需求和评估制定战略以培养可持续发展技能

了解商界对可持续发展的要求是开发专业，满足商业需求，提出商业解决方案的重要前提。

澳大利亚州政府和领地政府的联合倡议——"可持续发展技能"，为澳大利亚注册培训机构提供了指导，帮助他们开发定制化专业以及制定培训和评估策略。

定制化专业

在开发定制化专业时，需要做出重要决定。他们需要深入了解与业务和技能需求相匹配的可用选项。培训机构决策时需要考虑的问题包括：

• 深入了解各级资格证书及其对应的技能和工作职能；

• 确定整个资格证书体系或技能体系是否最合适；

• 确定技能需求是否与可持续性的资格证书相匹配，或者是否要将可持续性单元添加到技术资格证书之中；

• 了解并选择最适合业商务需求的能力单元；

• 检查开设的专业是否符合资格证书整体规则及其前提条件；

• 了解能力单元的哪些内容可以情境化以及如何实现。

培训和评估

该战略旨在帮助利益相关方规划和记录专业的关键信息，例如规划的内容、培训和评估的组织方式以及利益相关者的参与方式。

该指南基于这样一种理念——没有固定的方法来设计或构建培训和评估策略。然而，任何此类举措都是为了确保：

• 规划和开展培训和评估都有结构法可采用；

• 培训和评估满足相关能力单元的所有要求；

- 培训量及其进度安排是明确的；
- 培训和评估都是与行业和工作场所相关的，可以解决相关业务需求问题；
- 系统和文档齐全，以便每个人都清楚专业是如何运作的，谁参与其中；
- 随时随地都可获得足够的材料和资源；
- 将始终为客户提供高质量服务和评估。

　　这进一步表明并非所有战略都是一样的。专业与完整的职业资格或技能组（能力单元组）的匹配程度不同，培训和评估策略也会有所不同。客户群体具有不同的学习需求。行业客户的运营要求以及行业立法或法规的变化作为影响战略的相关因素，需要加以考虑。

资料来源：MSA (n.d.)

绿色社区和工作场所

　　有必要培养学生做好准备，使其具备可持续发展的基本知识，以保持社区（将技能视为本地和社区发展不可分割的组成部分的社区）以及他们所就职的工作场所的可持续性。虽然绿色课程强调工作环境中可持续发展的技能和内容，但"绿色工作场所"侧重于职业教育对工作场所或空间的绿色建设工作的促进作用。在这样的工作环境中运用流程、技术和目标手段开展大部分的商业活动。在实践中，职业院校可以推广减少商业实践对环境影响的做法，并尽可能地共同开发可持续发展的专业和项目，运用技能和培训解决当地问题，因此可以说职业院校处于重要的战略地位。

　　参与能力建设和向社区利益相关方提供专业培训服务的院校可以展示可持续发展的方法，发挥自身的重要作用。哥斯达黎加的一个类似案例提供了一个项目模型。该模型通过为目标群体开发专业培训的形式，发现当地的问题并提出解决方案。

摘选 13

哥斯达黎加将废物管理纳入汽车修理工教育和专业培训

根据哥斯达黎加到 2021 年实现碳中和的目标，国立学习研究所开发相关能力，以提高环境意识，提升汽车废物管理水平。国立学习研究所进行了深入调查，以协助当地交通部门寻找方案，解决汽车修理过程出现的严重土壤污染问题。项目通过收集全国各地汽车废物管理情况，提供信息支持。研究发现不当的废物处理会造成严重的环境破坏。

国立学习研究所战略的成功之处在于其所设计的一系列项目。第一个试点项目在开展汽修服务的教育中心的汽车车间进行，其目的是增强在技术和民用领域服务人员的环保意识。然后，国立学习研究所开发了课程模块，旨在为教师和学生提供综合废物管理计划。这些计划是通过短期课程传授的，同时还编制了一本手册，为教师和学生在执行综合废物管理计划时提供指导。此外，还对汽车维护中心的业主进行了废物综合管理培训。该项目使得 5/6 的汽修培训中心成功实施了废物管理计划。后来，还采用开发的课程模块对 45 家公司的所有者进行了培训。

资料来源：*UNESCO-UNEVOC (2014)*

在这个分步骤中，需要让工作人员、学生和社区深信这是一项严肃的工作。院校应将新愿景嵌入其政策之中，并公布其未来的长期规划。虽然该规划可能需要详细和复杂的规范，但初始阶段可以使用简单的流程图来保证规划的清晰度。强烈建议采用本指南推荐的五种方法。不同的系部可以量身定制不同的海报或宣传册。年度执行计划应与院校绿色发展规划紧密相关。每个院系或单位都应将自己视为整体的一部分，并制定自己的目标和问责指标。

咨询委员会可以由来自多个院系或单位的人员组成。建议召集一群有足够权力领导变革的人，并鼓励他们形成合作团队。建议当地社区召集一组专家将项目与社区其他的绿色举措统筹起来。另一组人员应该侧重于获取资源或评估项目建议书。还有一组可能侧重于解决特定问题，例如开展研究。

第 3 步：实施院校绿色发展规划

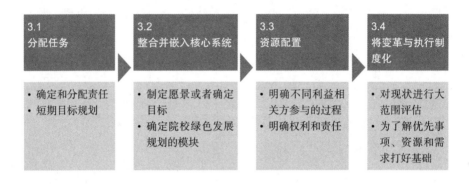

3.1 分配任务	3.2 整合并嵌入核心系统	3.3 资源配置	3.4 将变革与执行制度化
• 确定和分配责任 • 短期目标规划	• 制定愿景或者确定目标 • 确定院校绿色发展规划的模块	• 明确不同利益相关方参与的过程 • 明确权利和责任	• 对现状进行大范围评估 • 为了解优先事项、资源和需求打好基础

在了解了绿色建设过程并确定了整体行动规划后，就到了第三步：实施规划，获取所需资源和支持以顺利实现目标并组织实施。第三步的重点是制定实施战略。

在了解现状后，确定优先事项并制定规划，下一阶段就是制定战略并开始实施。职业院校必须通过开放和协作的方式来实施院校绿色发展规划，这与学生自学工作场所绿色发展所需的终身技能相似。这个过程必然得考虑 21 世纪的就业技能，因为绿色是个永无止境的发展过程。正如持续改进和产品改良是工作世界的常态一样，工作场所、家庭和学生终身生活方式的绿色发展亦是如此。本步骤关注实施中应考虑的四个部分。

3.1　分配任务

院校必须下达坚强有力的指令，确保每个院系或单位同向而行。根据之前讨论中确定的目标，应明确要采取的行动以及实现目标的步骤，例如所需的专业发展或课程重新定位。之后，系部职责应分摊给个人或团队。对于职业教育发展遇到的问题和对策，应根据不同系部的特点量身定制。

该举措应从可产生短期效应的行动开始，以创造良好开局。规划的制定意在容易产生明显成效，而且可以实现预期目标。

短期成效规划

绿色校园

预期的绩效和结果	实现目标
示例	示例
通过生境恢复和美学实践改善绿色空间，以开展可持续发展实践。	• 确定可以改善院校碳足迹的空间或活动；评估导致环境恶化或不可持续发展的活动； • 确定方法，将空间转变为"绿色空间"或将活动转化为绿色实践； • 制订可持续发展规划，向利益相关方明确说明新的空间发展目标和实施规划的措施； • 配置有助于维护这些空间并保持清洁的材料和服务（例如垃圾箱、垃圾分类机以及垃圾收集和处理方式的变化）； • 制订监测和评估计划以测量改进效果。

绿色课程和培训

预期的绩效和结果	实现目标
示例	示例
绿色课程建设的重点在于跨课程的工作。这项工作可以通过开展所有科目和层级的相关主题的研究以及通过综合课程的研究实现。	• 提供传授绿色知识、技能和能力的通识课程； • 明确对绿色技能具有更高要求的职业领域或行业；这些技能要求必须通过数据的系统收集和分析来确定； • 调查发现哪些职业因缺乏环境考量或缺乏实现环境友好的特定职业技能而面临挑战； • 如果职业院校具有课程开发和颁发职业资格证书的自主权，就可以与行业或企业合作开发短期课程或审查现有课程，以提高其绿色技能部分； • 如果院校是受到监管的，请与负责审查培训标准或开发培训课程的当局或机构联系处理相关事宜； • 制订监测和评估计划，以测量改进效果。

续表

预期的绩效和结果	实现目标
示例	示例
课程的内容和教学方式与社区需求对接。	• 根据社区实践和可持续发展愿景，对可持续发展需求进行形势分析； • 让社区团体参与确认分析结果的有效性，并参与干预措施的策划； • 确定合作伙伴并调动资源； • 为目标受众和课程计划确定职业教育的干预措施； • 开设短期课程； • 制订监测和评估计划以测量改进效果。

绿色研究

预期的绩效和结果	实现目标
示例	示例
使绿色研究议程成为院校文化不可或缺的构成部分。	• 鼓励跨学科的研究活动； • 设立研究项目，改进教学方法或课堂教学；促进项目教学，培养可持续发展技能（例如，如何利用当地丰富的材料设计有意义的民生项目，调查小企业废物处理做法并共同制订解决方案）； • 让教师和学生参与这些项目活动； • 制定激励措施； • 公布项目结果并鼓励开展更多类似活动； • 制订监测和评估计划以测量总体效果。
院校开发工具，用于收集对系统改革有用的数据。	• 确定可研究的领域和研究重点（例如，可以调查可持续发展问题以及绿色技能要求，以指导课程和培训内容的开发）； • 确定研究方法和研究成果运用的方法； • 让核心研究团队参与进来，并找出对外部专业知识的需求； • 在相关团队或整个院校中传播研究成果，以鼓励全员参与； • 制订监测和评估计划，以测量总体效果。

绿色社区和工作场所

预期的绩效和结果	实现目标
示例	示例
与社区或有望成为学生雇主的企业开展合作教育，建立绿色伙伴关系。	· 确定具有共同目标的潜在合作伙伴； · 与当地企业或实体建立有针对性的伙伴关系； · 与在工作场所推广可持续发展概念的新伙伴共同制订合作计划； · 就工作场所绿色建设工作探讨共同议程； · 作为执行共同议程的部分工作，实施实用的、体验式的或志愿式的培训计划； · 制订监测和评估计划，以测量对工作场所的影响或改进效果。

绿色院校文化

预期的绩效和结果	实现目标
示例	示例
制定评估策略，测量院校绿色发展规划中的项目实施所取得的总体进展。	· 通过实施规划的许多分支领域，取得若干成绩，巩固规划的实施进程； · 评估每项活动或干预的结果，并建立绩效奖励机制； · 传播信息并获得反馈； · 根据规划实施取得的教训和得到的反馈，确定新的里程碑节点。

附录针对每种方法提供了更多信息或者列出了可能取得的成果。

摘选 14
加拿大弗莱明学院实施的绿色发展战略

弗莱明学院位于加拿大安大略省，是一所世界一流的教育机构。该学院拥有约 6000 名全日制学生，可提供可持续发展方方面面的实战经验。可持续发展的精神体现在学院的可持续发展学习成果中，包括 87% 的文凭专业开设的必修课程（其目标是 100% 的文凭专业都将可持续发展纳入学习成果中）。可持续性发展战略覆盖传统的与环境相关的专业，如生态系统管理、生态恢复、城市林业和可持续农业。每天都会发现学生在学校温室中种植重新造林所用的树木，在田地中学习可持续的食物系统，或在替代性污水处理中心现场建造的废水处理湿地。

然而，弗莱明学院的可持续发展教育并不止于此。除了绿色校园及其设施外，学院已着手将绿色教育纳入其专业范畴。学院设有专门的"可持续建筑设计和施工专业"，每年都有学生在社区中设计和建造可持续性的建筑。该学院的"技术行业专业"将可持续发展实践融入其专业的各个方面和并将建筑设计纳入专业领域的主流。在弗莱明商学院，每个学生都必修企业社会责任课程，通过解决现实世界可持续性问题，以应用性项目的形式学习如何应用可持续发展原则。弗莱明新推出的"良心烹饪"专业专注于本地食品、用可持续性原料制作的食品以及健康饮食，学生在这里可了解食物的整个生命周期，也成为专业实践的一部分。弗莱明的早期儿童教育专业侧重于儿童健康、环境以及自然教育、户外游戏和天然材料的使用。学生必须能够解释人类与生态健康、社会问题和生计安全之间的相互联系。教师利用联合国教科文组织的可持续发展资源，帮助学生满足上述要求。这意味着大多数学生毕业时不仅对可持续性发展有全面了解，而且掌握将可持续发展原则用于实践的实战经验。

弗莱明学院是整个社区区域可持续发展计划的重要组成部分。该学院在若干市政规划委员会和卫生委员会中占有一席之地。同时学院的教师和学生与非政府组织密切合作，建立了一个更加可持续发展的区域。公立和私营部门均就毕业生所需的可持续发展技能向学院提供建议，教师和行政部门协同工作，调整课程以满足区域发展的新需求。可持续发展是弗莱明学院的核心价值观，也是其使命的重要组成部分。

资料来源：*Fleming College (2016)*

并非每个院校都能完全独立地运用手中的资源生成特定行业技能需求变化的信息。通常而言，他们的资源仅供在其业务范围内开展实际活动。这些资源的有限性也许存在，但不应阻止其开展行动。他们资源不足的现象也许存在，但未开发的机会也会出现。与政府建立联系和合作关系，参与政府有关支持教育和培训机构的项目，这样可以使院校免于设计流程和配置资源的困扰。当院校内缺乏资源或专业知识时，这些工作往往会让院校产生挫败感。院校可以根据技能行业或领域内已有信息和优先事项开展战略行动。

院校可以努力加入大型行动，或利用已有数据和分析信息指导院校的绿色规划行动。其中一个例子是：围绕技能差距问题和培训需求制定院校战略。

摘选 15
确定南非涂料工业绿色技能需求的方法

南非化工行业教育和培训局（CHIETA）通过一种方法来加强南非对该行业的绿色技能规划系统。该方法有助于确定涂料公司和行业层面的绿色技能优先发展事项和需求。通过严格的评估、分析和规划，该研究提供了一套全面的与涂料行业相关的绿色技能职业概况。

子行业重点评估	应用了以下选择标准来确定涂料行业的特定子行业：经济、环境和社会影响，技能提供者，政治或其他战略重点，绿色技能的可行性
需求分析所需的环境驱动力	了解涂料行业运营的政治、社会经济、环境和技术情况、涂料业的运营环境以及可能影响绿色技能需求的驱动因素
涂料行业价值链分析	确定产品、公司或系统供应链（例如热点方法）和参与者的环境和社会影响
职业网络规划	建立非正式的个体组织。他们在组织内协作或商讨以实现工作场所的环境和社会变革
关键职业的信息	

资料来源：*Jenkin et al. (2016)*

3.2   整合并嵌入核心系统

一旦计划启动，就需要对其进行整合并在取得成果的基础上持续推进。利用不断提高的可信度，改变员工认为与整体愿景不匹配的系统、结构和政策问题。将院校绿色发展规划嵌入核心系统，例如，嵌入人力资源系统。雇用、提拔和培养能够实现院校愿景的员工。通过推动新项目、新主题和推动变革，恢复和保持强劲发展势头。

3.3   资源配置

资源配置是所有人都关注的关键步骤。节约能源和用水以及废物管理是大多数项目关注的焦点。校园内许许多多的小行动可能会取得显著的成效，并且有可能将产生的收获再投入到行动中来。通常大部分人不会注意到大型的实物投入，例如锅炉和绝缘材料，但它们可以大大降低运营成本。全校范围的宣传计划需要解释为什么决定实施该措施，要结合院校绿色发展规划的背景宣传，并对所有相关方表示认可和感谢。

人力资源的配置也是该战略的重要组成部分。需要开动脑筋用心选择称职的教师，由他们将信息传达给其他人，也由他们牵头开展对其他教师的培训并协调计划的实施。

3.4   将变革与执行制度化

充分认识新行为与组织成功之间的关系，并采取措施确保院校领导力的持续发展和延续。在许多情况下，会取得新的学习进步和专业发展。应该有一种方式认可这种学习并利用它来持续地修订和改进这一进程。

院校全员参与方法需要一个永久和持续的过程，需要不断改善院校规划。在改进过程中继续学习并鼓励员工参与对于保持强劲发展势头至关重要。表彰和奖励也是维持该计划的重要内容。实施院校绿色发展规划，很有可能节省经费。节省通常是由能源、水和废物的减少举措产生的。制定透明政策，规定如何使用节约的资金是非常有益的。监测和评估宣传策略中可以加入上述内容。

贯彻理念

1
绿色校园

澳大利亚一所技术学院的绿色工作

墨尔本技术学院的埃平校区是具独创性的卓越绿色技能中心所在地。2010—2011 年期间，该职业学院（之前的北墨尔本高等技术学院）建造了这一先进设施，以环境可持续性方式支持培训、知识和技能传授。该建筑在其建造和设计中体现了环境的可持续性，不仅有效地促进了高效能源和资源管理，而且还被用作教育课程的理想培训模式。低碳可持续技术的使用可以为各行各业提供技能开发和实践学习机会，包括制造、建筑、培训、零售、安装、维修维护等行业。该绿色技能中心在澳大利亚绿色建筑委员会的"绿色之星"评估中获得五星评级，代表了教育设施设计中的"澳大利亚优秀"水平。

资料来源：*North Melbourne Institute of TAFE (n.d.)*，*SkillsOne (2016)*

2
绿色相关课程和培训

菲律宾将绿色技能融入培训

技术教育和技能发展局（TESDA）是菲律宾负责培训和认证技术工人资格的主要机构，其提供的许多资格培训课程中都包含有绿色技能，包括农业（蚯蚓养殖、蚯蚓和有机农业生产），建筑（光伏系统安装、设计和服务），废物管理（地盘管工、车辆和货物指引员以及垃圾收集），制冷和空调以及汽车（包括氯氟碳化物的淘汰、回收、再循环和转换、改造和重新供电）。

同样，一些培训规定也包含了绿色技能。菲律宾公司的绿色实践也刺激了这一举措，现在正在重新定义不同职业，技术劳动力为此获得正式资格。

资料来源：*UNESCO-UNEVOC (2015b)*

尼日利亚绿色教师教育

职业技术教育、培训和研究中心的职业教师教育部审查并修订了其教师教育课程。其研究生课程中包括两门必修面授课程：绿色技术和技能发展，以及技术教育中的新兴问题和创新，这些都融入了绿色经济问题。这些是学术计划干预的一部分。职业技术教育、培训和研究中心给职业教育教师提供的外展活动包括一系列的职业教育绿色工作研讨会，旨在倡导和分享采用最佳方法将新兴绿色概念和想法融入职业教育机构和系部课程中的经验。另一项干预措施是加强职业教育教师应对新兴绿色技能培训需求的能力，这将以教师技能需求相关的研究型活动为基础。

资料来源：CETVETAR *(2015)*

斐济的木工技术课程绿色趋势

斐济农村地区的一所职业学校与当地一家木材厂合作，以提高其木工技术课程与可持续发展原则的相关性并将该原则注入木工技术课程当中。该课程教学生如何增加锯木厂"废弃"木材的价值。学生们利用废木材制造灯架、装饰品和雕像等，然后出售。除了以学习者为中心的方式教授实践和应用技能外，该计划还涵盖创业部分，为学校筹集资金以提高其可持续性。

资料来源：*UNESCO (2016c)*

加拿大可持续建筑设计与施工课程

加拿大弗莱明学院提供全面的实践经验，来自加拿大各地的学生学习建造新的可持续建筑，展示了绿色建筑技术和新的节能技术。学生与项目顾问、检查员和商界互动，并参与建造可持续建筑的各个方面。这样的课程被描述为理论和实践技能的完美结合，学生在课堂上接受教育，然后有机会在现场实践他们获得的知识。学生直接学习可持续建造实践，了解可再生能源，不仅拥有思考的自主性，还可以作为领导者体验整个过程。

资料来源：Fleming College (2016)

德国的绿色培训

德国培训法规修订版允许将环境科目纳入基础培训。废物管理行业复杂的任务和技能需求要求改进培训，提供专业的职业资格证书。最初的培训课程名为"提供者和处理者"，经过修订和扩展，现在其课程设计旨在培训人员从事四项新的环境技术行业：回收和废物管理技术员，供水工程技术员，污水工程技术员，以及管道、下水道和工业服务技术员。

资料来源：Stock and Vogler-Ludwig (2010)

德国化工业的绿色培训

莱茵埃尔夫特学院参与了名为"化学行业可持续教育职业"（Sustainable Educational Careers）（NaBiKa）的培训项目，组织开展了一项为期一周的"全天候——24 小时实时"活动，帮助来自不同职业领域的五十名学员在一周内分三班参与跨学科项目。例如，化学技术员和工业机械师首先接受了关于可持续性发展的培训并参与了团队活动。主要培训内容包括：组织跨行业的工作、开展互动和沟通，培训他们承担化学工业、安全和健康跨领域的集体责任。培训生按照指导性的、标准的可持续发展规程，通过团队沟通、协调和工作轮换，学习专业技能，培养个人能力。经过培训的技术人员获得可持续发展专家证书，返回公司后在各自的工作场所推广可持续发展。

资料来源：Germany (2016)

欧洲通过 GT-VET 项目开展绿色培训

开发可持续发展培训模块是欧洲四国（德国、意大利、波兰和英国）钢铁行业项目的重点。该项目力求开发欧洲绿色培训模块，以满足钢铁行业职业教育中有关环境、健康和安全技能的需求，并有可能迁移至其他职业和行业。它还可以为希望在绿色技能和可持续发展意识方面获得相同学习成果的国家提供蓝图，以充实当前的职业教育培训计划。该模块将在四家钢铁公司（欧洲蒂森克虏伯钢铁公司、波兰安赛乐米塔尔公司、英国塔塔钢铁公司以及特尔尼蒂森克虏伯特种钢公司）以及四国合作伙伴的职业教育机构进行测试。

资料来源：UNESCO-UNEVOC (2013)

奥地利技能人员的绿色培训和认证

奥地利理工学院为热泵安装人员和规划人员（自 2005 年起）和太阳能和光伏设施（2010 年开始使用）的安装人员和规划人员开发了专门的培训课程和认证计划。太阳能安装和规划师认证培训，以及紧凑型课程"太阳能供暖从业人员"为学员提供了正确规划、组装和高质量太阳能供暖系统安装所需的理论和实践专业知识。这些课程面向的对象包括水管工和钳工，规划工程师，屋顶工人，建筑师，工程公司，供暖、通风和空调（HVAC）公司和零售商。

资料来源：OECD and CEDEFOP (2014)

3

绿色研究

尼日利亚大学研究项目

水葫芦项目于 2012 年由雅巴技术学院发起，是一项变废为宝的项目。该项目将学生的行动研究和技能培训相结合，解决了水葫芦过多导致尼日利亚水道堵塞的问题。雅巴技术学院学生通过研究将该植物转化为其他形式，使入侵的水葫芦植物转变为创收资源。该项目培训学生如何利用该植物生产不同的生态友好型的手工艺品、沼气和动物饲料。学生们学会了如何收割植物，将其烘干并编织成可以销售的产品。项目还研究了工厂的生物降解能力和干燥机的制造等问题。

资料来源：*Yaba College (n.d.)*

加拿大新不伦瑞克社区学院的应用研究

该学院的研究愿景是构建对应用研究的支持性文化，强化学生的学习体验。在开发新课程、新专业和培养教师专业知识时，使学生及教师间接收益。通过促使学院开展应用研究，通过进一步促进学院或地区的专业化发展，开发专业知识领域使学院长期受益。学院鼓励开展应用研究解决当地问题，学院找到机会通过应用研究满足社区的社会经济需求。

资料来源：*CICan (2016)*

4

绿色社区和工作场所

菲律宾通过绿色砌筑培训促进绿色施工

绿色砌筑技能培训是国家二级砌筑证书培训中绿色砌筑课程的基础。它面向的对象是非正规部门的建筑工人，是在现有的证书培训计划的基础上开发的。该计划将绿色砌筑概念整合到现有的国家二级砌筑证书培训中。该培训使学员掌握执行基本任务（国家一级砌筑证书）的能力。此外，还要学会为建筑物、石膏混凝土砌体/混凝土表面铺设砖块/石块，以及安装预制栏杆和扶手。整合绿色砌筑概念旨在使学习者将气候变化视为与个人、社会和建筑相关的问题，了解其可能带来的影响，了解气候变化的直接和间接影响，了解绿色建筑概念，并认识到绿色砌筑不同做法的重要性。同时，应该认识到有必要正确识别建筑材料以保护环境，并帮助学生区分可再生和不可再生资源，提高资源效率和废物管理效能，并促进绿色工作场所的建设。培训计划涵盖的内容包括绿色砌筑概念、国家二级砌筑培训、实际操作应用、劳动标准和职业安全以及健康和废物管理等。该培训是技术教育和技能发展局（TESDA）、劳工部、绿色建筑委员会、建筑行业公司和协会之间的合作项目。

资料来源：*ILO (2012)*

加拿大应用技术与职业学院协会清洁技术实习计划

加拿大应用技术与职业学院协会（CICan）与加拿大环境与气候变化部合作，通过实习安排鼓励大学毕业生从事科学、技术、工程和数学（STEM）研究。他们与雇主建立合作关系，雇主也获得了工作场所补贴。通过工作场所补贴，该计划为实习生提供了为符合条件的雇主工作的机会，这类雇主正在为改善加拿大的环境和经济成果做出贡献。

资料来源：*CICan (2016)*

英国的绿色培训（学徒制）

英国鼓励未上学、未就业或未参加培训的年轻人参加培训项目，例如，开展园艺初级培训（学徒预科培训）（国家职业资格证书 1 级），顺利的话可以继续进入长期学徒制项目（直至国家职业资格证书 3 级）。该项目由当地政府与合作伙伴共同组织，旨在培养掌握种植植物和维护绿色空间的技能的新一代。格伦代尔－利物浦公司拥有 1000 万平方米的绿地，其中包括休闲开放空间和 60 个公园，其雇用的学徒可以获得工作经验和特定的工作技能。该项目是当地政府、格伦代尔－利物浦公司和麦耶斯夫学院之间探索性的合作案例之一。

资料来源：*Glendale Services (n.d.)*

5
绿色院校文化

绿色院校文化体现在加拿大的各个项目中，得到了加拿大应用技术与职业学院协会协调工作组以及设在美国的高等教育可持续发展促进协会的支持。加拿大院校采用一种或多种可持续发展的方法在不同层面开展了各种活动，其中包括在课程中引入可持续发展技能，在教学中开展地方本位学习、服务式学习和行动研究。绿色技能培养也是加拿大院校的核心工作。通过改进专业及学习结果使教学更加绿色化，与企业建立合作关系共同制定学术标准，以及对专业设计、教学和学习评估的战略转变，从而培养绿色技能。组织开展研究型活动，包括开发研究导向型课程并组织学生更多地参与应用研究。绿色校园建设中的非学术活动包括将可持续性发展嵌入院校的愿景、使命、战略和执行的规划与政策中。学生参与社会服务，建立可持续性发展模式将院校转变为可持续性学习的"体验实验室"，开展绿色校园建设（包括建筑、交通、园林绿色、食品服务、学生宿舍和资源保护）等，这些都是绿色发展的重要方面。相互关联的绿色项目未必是全院统一安排的或是全员参与的，但是却构成了可持续性发展持续向前的源源不竭的动力。

资料来源：*CICan (2016), Knibb and Paci (2016)*

课堂组织探索的项目思路

食品行业：

- 利用食物残渣酿造啤酒
  https://www.ellenmacarthurfoundation.org/case-studies/brewing-beer-from-surplus-bread
- 回收二手食用油用于生物燃料行业
  https://www.ellenmacarthurfoundation.org/case-studies/unlocking-value-from-used-cooking-oils
- 引入新的可回收的塑料替代品
  http://www.threec.eu/wp-content/uploads/2016/10/Porto_presentation-Cork-project-1.pdf

基础设施和建设：

- 回收轮胎以减少交通噪声
  http://ec.europa.eu/environment/eco-innova-tion/projects/en/projects/ruconbar

农业：

- 回收鱼类养殖设备以减少塑料垃圾
  http://ec.europa.eu/environment/eco-innova-tion/projects/en/projects/eufi
- 可持续水产养殖
  http://www.zerowastescotland.org.uk/sites/default/files/2870%20ZWS%20Bio%20Econo-my%20Loch%20Fyne%20Case%20Study%20AW%20FINAL%20HI%20RES.pdf

时尚行业

- 可持续时尚教学
  http://www.threec.eu/wp-content/up-loads/2016/10/PortoCircularfashion.pdf

第4步：监测进展并评估结果

| 4.1 确定监测理由 | 4.2 明确需评估的范围 | 4.3 制定监测和评估框架 |

对于任何院校的绿色建设工作而言，一项重要的工作是通过监测与评估（M & A）持续指导变革的进程。根据一系列期望值和预设的绩效指标，评估职业院校五种可持续发展方法中任一方法的实际进展都有助于监测绿色建设的进展水平。在院校绿色发展规划中设立期望值，在实施指南中给予清晰的描述，然后再根据明确的标准和评估指标进行监测。

可以采用定性和定量的方式评估职业教育的绿色建设进展。像课程数量和学生人数等容易测量的项目可以采用定量评估，其他没那么容易测量的重要项目必须采用定性评估。设定目标至关重要，但并非一定要客观地测量出来。监测进度的初步状况可以用甘特图表示，可以显示一定期限内的预期结果或计划情况。对于不同的部门的监测可以采用更详细的版本。此外，效益的审查（定量和定性）应该和成本与结余的跟踪同步进行。

评估和监测进展的工具可以提供有益的支持。测量工具可以定制，以匹配需监测的预期进度水平和计划实现的结果。

本指南中讨论的不同的绿色建设方法可以根据不同的结果进行测量

和评估。结果可以是院校期望实现的具体变革或特征和院校逐步实现的目标。本指南提供了一个四阶段模型，表明评估结果可以在不同层面进行。

4.1 确定监测理由

使用学习或评估工具

测量和评估需采用缜密的方法，以吸引教师和设施/管理人员参与建设性的工作。应该设立清晰、合理的目标和指标，同时还要有理论依据，说明其合理性。这种解释框架可以将判断工具变成一种提供信息、促进参与的有效学习工具。这种模板的示例参见附录。

有些目标可以通过技术投入来实现，而有些目标只有在院校所有相关人员（包括学生团体）的全面参与下才能实现。第一类可能涉及大规模的资金投入，而第二类则需要改变人的行为。明智的做法是建立一个透明、合理的框架，涵盖目标、责任和反馈机制，以建立纠正或改善措施。准备好在校园或社区中增添新项目和开展建设工作是非常必要的。这些可能涉及课程改革、食品服务改革、交通措施、社会或公平计划，等等。

持续的、动态的监测

随着目的和目标的实现，监测和评估过程应该是动态的，而且对新措施持开放态度。新建筑物或招生人数的增加可能会与引入的新技术措施一样改变院校目标。同样，实施季节性的项目和举措也会影响监测和评估结果。

将监测和评估作为自我指导的工具

绿色建设过程大多是由个体接受的教学内容或个人生活方式发生改变产生的结果。由此，需要采取措施让个人参与设定个人、系部以及团体目标。引入学习圈和采用其他方法来吸引教师和教辅人员参与，以便将想法反馈到动态计划中，这种方式颇有帮助。建议将监测和评估作为教辅人员绩效和评估的观测点。

4.2　明晰需评估的范围

与量化变革一样，质性的变革也同样需要评估。除了巨大变化之外，重要的是关注到逐步的和渐进的变革。评估中需注意的微妙变化包括院校声誉、学生实习单位品质的提升、毕业生就业质量的提升以及员工和学生总体满意度的提升。

第一步需明确在特定时间范围内绿色建设过程中哪些方面易于测量，哪些方面不易测量。

监测和评估的范围是很重要的考虑因素。节省费用的绿色建设的确很重要，因为它可以为整个绿色建设过程提供资金。小小的措施也可以产生重大影响。例如，冬季夜间运行的排气风扇将热空气排入外部环境可能会造成一年内浪费数千美元，确保关闭这些排风扇是一个微小但却很管用的举措。虽然服务学生是院校的主要目标，但并非所有对学生而言重要的事情都可以轻易地测量出来。课程监测非常重要，绿色校园建设的点点滴滴也同等重要。绿色教育通常很难评估，因为成果可能在学生毕业并就业后很久才会显现出来（参见图 9）。

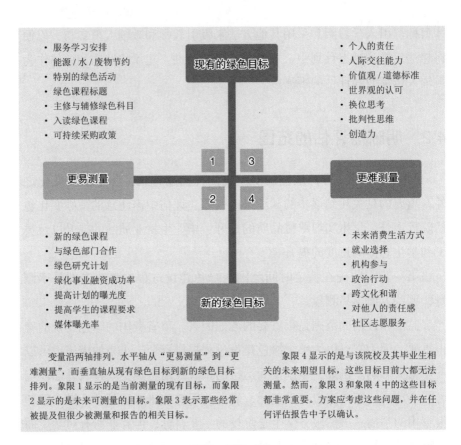

图 9   评估方法

资料来源：本书作者绘制

4.3   制定监测和评估框架

在设计从易到难的定制化监测方案时，用于评估和监测进展的通用工具可以提供有益支持。

评分标准

举个简单的例子——可以采用工具，根据院校绿色发展规划优先考虑的不同的绿色建设方法绘制预期结果。评分标准明确了所预期的变革结果的增量业绩以及所取得的进展带来的影响。该评估允许开展教学、测量和协调的院校在适当的时机采取行动，并与测量和评估个人绩效和院校目标的自我导向机制保持一致。

对于定性评估，院校可以将进展分配到每种提议的绿色建设方法特定阶段。

例如，四阶段模型可能基于：

• "开始"阶段：早期适应；
• "初步进展"：一些适应性的证据；
• "令人满意的进展"：适应性的证据产生了看得见的结果；
• "稳定的本质性变化"：证据和结果证明了绿色行动所产生的影响；产生了稳定的显而易见的变化。

图 10 和图 11 提供了可用于监测和评估职业教育绿色教育进展和结果的示例模板。

也可利用雷达图使绿色化进程（变量）中不同方面的进度可视化。可以从中心开始为每个轴赋值。这可以提供一个起点来绘制每个变量的进展。图 11 提供了示例，说明如何绘制本指南所探讨的每种绿色建设方法的进展。

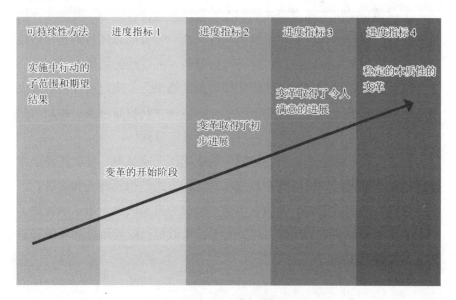

图 10　四阶段评估模板

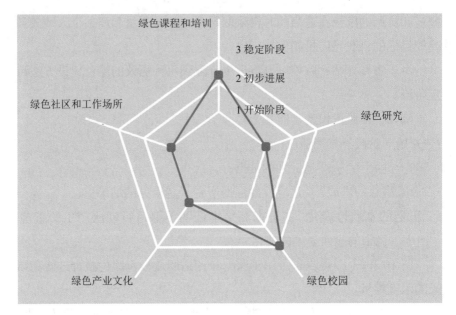

图 11　雷达图示例

制定监测和评估计划

　　下一步是采用本指南所述的职业院校绿色建设方法编制监测和评估框架计划，以评估职业教育的绿色项目。这一步骤的总体目的是评估院校绿色发展规划工作的进展，获得可测量的、可观察的结果。

　　该过程首先设定每种方法或领域的预期结果，并确定可以表明重大进展的不同水平或程度。理想情况下，这应该在院校绿色发展规划的制定过程中确定。预期的结果可以进行定性或定量评估。

　　促进院校在绿色职业教育建设中的变化，无论是单一维度还是全方位的转变，都可以表明院校全系统及其运行方式的积极转变和改进。该框架也是一种学习工具，因为它描绘出预期的未来成果。附录中提供了广泛的监测和评估工具示例，以供参考。可以根据院校所处的环境和具体愿景修改此工具。

基准

可持续发展跟踪以及评估和评级系统（STARS）由高等教育可持续发展促进协会（AASHE）设计，供大学和学院使用。本指南用作案例的某些高校采用可持续发展跟踪以及评估和评级系统的监控工具，自行跟踪其建设进度。例如，乔治布朗学院使用了可持续发展跟踪以及评估和评级系统。根据这个系统，学院能够确定其在可持续发展中领先的业绩。该框架还可用于评估和评定需改进的领域。为使学院可持续发展目标取得更多进展，这种改进性的评估非常重要。普通高等教育和继续教育已经有了评估工具，应该为职业教育院校进一步开发类似的专用评估工具。

表3　评估绿色校园建设进程的评分框架案例

可持续性方法	用于评估结果的参数	评分框架			
		开始阶段	一些进步	令人满意的进展	稳定的本质性变革
绿色校园：设施。	可持续性原则适用于建筑物的设计、建造和翻新，包括创新的财务模型。	稍微关注可持续实践。	工地通常开展可持续实践，但是没有具体标准来指导建筑物翻新或新建筑工地的开发。	要求所有部门纳入并报告其工地的可持续发展实践。所有建筑物翻新或新建工地都要求遵循可持续性原则。	所有部门报告可持续发展实践。各部门均得到文件和专业化发展的支持。

摘选 16
可持续发展跟踪以及评估和评级系统概述

可持续发展跟踪以及评估和评级系统（STARS）是透明的自我报告框架，供大学和学院测量其可持续发展方面的绩效。可持续发展跟踪以及评估和评级系统旨在吸引各种高校参与并对其工作进行认可，包括从社区学院到研究型大学，从刚刚开始其可持续发展规划的院校到校园长期可持续发展的领军院校。可持续发展跟踪以及评估和评级系统既包含已取得辉煌成就的机构的长期可持续发展目标，也包含对刚迈出可持续发展第一步的机构的认可起点。

可持续发展跟踪以及评估和评级系统旨在：

• 提供框架以理解所有高等教育领域的可持续性；

• 根据国际可持续发展校园广泛参与制定的一套通用测量方法，开展机构间和不同时间节点之间的比较；

• 建立激励机制，促进持续推进可持续性发展；

• 促进高等教育可持续性实践和绩效的信息共享；

• 建立更强大、更多元化的校园可持续发展共同体。

资料来源：*Aashe (2016)*

附录：绿色职业教育监测和评估框架

1 绿色校园	实现程度			
预期结果	开始阶段	初步进展	令人满意的进展	稳定的本质性的变革
1.1 设施				
将可持续性原则应用于学校建筑物的设计、建造和翻新，包括创新的财务模型。	稍微关注可持续实践。建筑物翻新或新的建筑工地探讨可持续原则的选用。	工地通常开展可持续实践，但是没有具体标准来指导建筑物翻新或新建筑工地的开发。	要求所有部门纳入并报告其工地的可持续发展实践。所有建筑物翻新或新建筑工地都要求遵循可持续性原则。	所有部门报告可持续发展实践。各部门均得到文件和专业化发展的支持。员工和学生参与宣传可持续实践。采纳最佳做法。所有建筑物翻新或新建筑都采取可持续性原则。
1.2 在工地绿色建设工作中学习				
院校的建筑结构和户外空间是可持续性实践的教学"设施"。	可持续实践教学仅出现在课堂。	可持续实践出现在其他教学和培训设施（实验室/研讨会）。教师/培训师激励学生开展自己的可持续实践。	可持续实践出现在其他教学和培训设施中。学生制定可持续实践计划和日常规范（例如处理车间废物）。	院校有校级政策和融资计划支持学生提出的适当的可持续实践，以应用可持续发展概念和实践，并吸引社区参与。

1. 校园	开始阶段	初步进展	令人满意的进展	稳定的本质性的变革
1.3 绿色实体场所				
可持续实践从生境恢复和美学角度着手改善绿色空间。	现有绿色空间得到保护，防止他用。配备垃圾箱以保持环境清洁。	绿色空间得到扩展和精心维护，既美观又便于娱乐休闲。进行垃圾分类。	建立和维护绿色空间，结合教育、研究、休闲和美观的目的。鼓励废物回收和再利用。	院校绿色发展规划政策中强制性要求保护和改善栖息地。
1.4 管理				
可持续性原则适用于院校管理、采购和资源使用的所有方面。	很少将可持续性原则纳入采购或院校管理的具体标准或要求。	鼓励院校和下设部门将可持续性原则纳入采购、院校管理和资源利用。	各部门就采购、院校管理和资源利用制定可持续性原则的具体要求。	实施采购、院校管理和资源利用方面的政策和标准。提供可持续实践、专业化发展（PD）和财政支持以帮助实施。
1.5 交通服务				
可持续原则被纳入交通决策。	交通规程被视为开展可持续性实践的一项资产。	交通路线的设计要考虑交通效率。	制定交通规程，以解决交通路线和节油车辆的效率问题。	有效推行交通规程，开展测量和监测，以提高路线和节油车辆的效率。
1.6 审核 / 跟踪				
运用审核工具，评估可持续实践的影响并提高效率。	正式审核尚在规划之中。	一些设施区域拥有审核工具并用于评估其可持续实践的效率。	备好审核工具以评估设施各方面的可持续实践。	每个院校都进行年度审核并将结果报告给上级主管部门。
1.7 全成本核算				
审核工具可以解决工作场所常见的测量问题，例如水、废物和能源管理，还可以解决碳和生态足迹等成本之外的根源问题。	制定计划和策略来审核和跟踪全成本核算。	定期举办有关能源、水和废物管理的活动或强化意识的宣传活动，这些活动将成为抽查的对象。利用碳抵消机制以经济有效的方式减少碳足迹。	做好这些事项的记录并将其管理纳入全成本核算。首先要考虑节能和利用可再生能源，碳抵消机制仅作为最后手段。	了解减少碳和生态足迹的总体理论依据。宣传并表扬审核和节约情况。记录并认证学生的审核技能。

2 绿色课程和 培训	实现程度			
预期结果	开始阶段	初步进展	令人满意的进展	稳定的本质性的变革
2.1 绿色建设的重要性				
跨课程绿色建设工作的重点是对所有层级的课程主题开展研究，并整合学习课程。	绿色仅被视为环境职业资格证书培训的专业课程的主题。	在通识和专业课程中均传授绿色知识、技能和能力。	绿色知识、技能和能力在通识和专业课程中传授，在职业教育实施计划中也是必需的。	在所有资源文件和所有年级或级别中，绿色建设被确定为优先事项。不同职业资格证书或能力水平内部和之间的顺序和范围得到明确界定。
2.2 绿色课程的方方面面				
基于院校教学的课程和培训，或作为部分工作本位学习的课程和培训充分体现绿色重点或学科主题。	绿色培训计划和职业资格证书满足学生的需求和兴趣。	课程反映了某些科目的绿色重点。	课程反映出所有科目和职业资格能力水平的绿色重点。 传授绿色技能和相关实践经验院校的毕业生需求旺盛。	最广泛形式的绿色课程是使绿色发展成为所有课程的重要组成部分。 修过绿色课程，获得绿色技能的毕业生更易就业。
2.3 对绿色建设工作的重视和认可				
绿色课程建设的动力来自整个院校高度重视的内外部因素。	绿色课程是获取资金、满足培训和职业技能标准的合规机制。	绿色技能和能力被系统地补充到现有的和新的职业资格或专业中。	绿色技能和能力被系统地补充到现有的和新的职业资格或专业中并得到不断更新，成为许多系部和课程满足新职业需求的亮点。	由于为当地工业、生计和当地财富积累方面做出贡献，绿色课程为院校赢得赞誉。 绿色课程是院校的专门职能和服务，可以帮助其他当地院校调整其课程建设。

2.课程和培训	开始阶段	初步进展	令人满意的进展	稳定的本质性的变革
2.4 将课程与社区/企业可持续发展需求联系起来				
该院校在当地社区的绿色工作文化和绿色社会建设中发挥着重要作用。	绿色培训计划和职业资格证书服务于学生需求和兴趣。	绿色课程建设的动力来自于绿色经济转型（例如太阳能、可再生能源行业的绿色职业）、新的培训法规以及确保毕业生在关键行业或职业中就业的愿景。	根据当地劳动力市场和社区的技能短缺和技能错位的情况以及未来职业变迁或消亡情况，开展绿色技能的传授和培训。工作本位学习或培训中融入绿色技能或技能提升的内容。	该院校因其专业角色和贡献得到社会认可，例如，在院校职责范围内成为优秀的可持续发展中心。进行持续的评估并不断改进院校所授课程或工作本位的培训计划与绿色技能/能力需求之间的匹配度。
2.5 包容性的绿色				
该课程鼓励在当地创业和弱势群体（如年轻人、妇女、残疾人、农村社区和其他弱势群体）的参与。	绿色课程是获取资金、满足培训和职业技能标准的合规机制。	鼓励绿色课程为绿色建设过程提供信息，以推广能够影响到社区和弱势群体的活动、产品和服务；加强财富创造和当地企业赞助。	绿色课程培养了自主创业者，他们可以扩大当地工业和资源生产，创造就业机会。绿色课程将弱势群体纳入以院校为基础的项目中，以鼓励其参与某类活动，提升社会服务水平。	所开专业服务于当地、区域和国际学生的绿色技能和能力需求。为具有经济、文化或生理障碍的学生或成年人量身定制课程，以协助他们进入或重返劳动力市场。院校通过短期课程或其他正规和非正规培训使弱势群体受益。
2.6 创新的课程教学设计				
课程的内容和教学与社区需求一致。	对社区可持续性发展需求进行了调查。	计划为特定群体开设新课程；课程开设时间从一天到多年不等。	专门提供新的和持续的培训计划和课程，为学生和公司员工兴趣服务。	专门提供新的和持续的培训计划和课程，为学生和公司员工兴趣服务。院校的这项专业服务得到社会广泛认可。

2. 课程和培训	开始阶段	初步进展	令人满意的进展	稳定的本质性的变革
2.7 课程认可传统的可持续性实践				
所有课程文件都包含不同的学科、文化和观点，包括本土或传统的知识和世界观。	部分课程资源开始涉及不同的学科、文化、观点和世界观。	资源包括当地的本土和传统的知识，并包含一些其他的文化观点。	制定了标准以评估不同学科、文化、观点和世界观（包括本土/传统知识部分）等资源的包容性，并在资源评估中得到使用。	所有资源都符合包容性，也符合本土或传统的知识和观点的要求。
2.8 提供绿色课程资源				
为教师提供可持续发展教育资源，包括各种媒体、学习示例单元、课程简介、教学指南、电子和文本形式的资源。	院校开始着手一些课程的绿色建设工作。	有些课程将绿色发展纳入教学内容和方法。	绿色成分被纳入院校或工作本位学习的各个年级和各个专业的大多数课程。	所有年级或专业的所有课程都含有绿色成分，而且方便开展形式多样的教学。
2.9 绿色教学或教学法				
教学方法涉及系统思维、探究、发现、主动学习、解决问题和未来思考，强调在课堂或工作场所开展本地和全球化的学习。	不是将绿色发展整合到院校的专业化发展（PD）计划中，而是通过专业协会促进绿色建设。	在某些课程中，绿色建设是专业化发展（PD）的部分内容。	所有重要的专业化发展（PD）项目都含有绿色成分。	所有重要的专业化发展（PD）项目都整合了绿色和包容性做法，其中包括他们作为全球公民所做的贡献。提供专业化发展（PD）的专业协会与院校合作提供此类培训计划。
2.10 用当地案例体现绿色发展				
利用自然和人造环境作为发现和主动学习的场所。	可持续发展教育教学策略仅限于课堂使用。	学校建筑为学生上课或开展课外活动提供场所，使其理解和解决能源、废物和水资源问题。	学校建筑、场地和当地社区为学生上课或开展课外活动提供场所，使其了解可持续性问题并采取行动解决问题。	要求每门课程都能将绿色原则纳入服务学习中，包括对院校、地方和全球的关注。

2. 课程和培训	开始阶段	初步进展	令人满意的进展	稳定的本质性的变革
2.11 学生从院校实践中学习绿色发展				
院校提供安全和支持性的学习环境，学生可以参与院校决策并了解绿色发展相关观点。	鼓励学生参与讨论教学内容以及评估系统。	一些学生加入了院校咨询委员会，应对绿色发展相关问题。	大多数学生都参与到院校的绿色建设工作。教授学生关于工人权利和责任以及工作场所的政治活动方面的知识，使学生具备未来工作场所绿色发展所需的技能。	在绿色建设设计过程中积极倾听学生的声音。培养学生有担当的全球公民意识，并在工作场所和个人生活方式中积极践行。
2.12 使绿色发展成为核心评估策略的一部分				
建立透明的评估机制，监测学生绿色技能成绩和行动学习方法。	在院校系统层次，没有收集学生数据。	学分积累和毕业率制度的实施目的是支持学生学习的持续改进和分享最佳绿色实践。	在院校层面实施学生成绩报告单数据、学分累积和毕业率制度，以支持学生学习的持续改进和分享可纳入评估计划的最佳绿色能力。	制定流程，搜集和监测学生绿色能力成绩，其中包括例如知识、技能和观点。在评估计划中，绿色能力是硬性要求且受到高度关注。学生和员工组成的学习共同体分享绿色理念、最佳绿色实践和新兴能力知识。作为课程的一部分，对服务学习中的绿色发展要求进行评估。

2. 课程和培训	开始阶段	初步进展	令人满意的进展	稳定的本质性的变革
2.13 工作本位学习				
采取合作的、工作本位的、体验式的和其他学习方式，支持与社区和潜在雇主建立绿色合作关系	制定鼓励学生参与社区或企业活动的政策。	一些特定课程中的学生参与校外的绿色建设计划。	大多数学生可以选择各种学习场所、学习模式和实习方式，以方便获取绿色技能。	制定政策和程序，在探索体面工作绿色发展的新领域时，跟踪并确保学生参与度、技能习得与安全性的最大化。
2.14 通过参与社区或工作场所的活动学习				
践行绿色原则时，创造机会让家长、社区和企业参与其中。	使人们意识到此类机会对学生、院校、社区和企业都有帮助。	制定流程使学生父母参与绿色建设项目。	选择一些公立和私立院校组织教师和学生参与新兴绿色发展项目，以满足社区或企业对现有课程或未来课程有关绿色发展的需求。	企业和广大社区都在为绿色项目建言献策并积极参与进来。绿色项目不仅关注院校本身，还要关注当地社区及社区以外的发展，培养学生和员工具有全球公民的概念。

3 绿色研究	实现程度			
预期结果	开始阶段	初步进展	令人满意的进展	稳定的本质性的变革
3.1 绿色发展是优先研究项目				
使研究议程的绿色建设工作成为院校文化不可或缺的部分。	目前,研究不是院校文化或愿景的构成部分。	认为研究有用,但既不排除,也没有关注可持续发展问题。	地方性或是全球性的绿色发展和可持续性发展相关的问题都是教职员工和学生研究议程的重点项目。 院校激励和奖励绿色发展研究项目。	绿色发展研究被视为院校的重要工作内容。研究也被视为重要的学习工具,可以帮助员工和学生理解如何以有效、关联和愉快的方式开展绿色发展的教学。 有关绿色发展的研究成为院校优先工作。
3.2 以广泛的研究指导绿色建设过程				
院校利用基于研究得出的证据指导院校绿色建设过程和规划。	院校工作人员使用研究证据,满足个人需要。	院校工作人员和管理人员利用研究证据来满足个人和院校的工作需要。将其作为一些学术、专业或技术决策的依据。 定期进行跟踪研究,以了解行业对毕业生和技能的需求模式。	研究数据,包括全国的研究证据,经常被院校用作更新其专业教学的依据。跨行业的劳动力市场信息可以为技能型专业办学提供依据。 开展跟踪研究,跟踪行业对毕业生和技能的需求以及行业提供薪水、毕业生收入和职责要求等的趋势与模式。	定期开展跟踪研究,跟踪行业对毕业生和技能的需求以及行业提供薪水、毕业生收入和职责要求等的趋势与模式。作为职业生涯咨询计划的构成部分,这些研究结果将传达给学生。 职业教育专业办学由劳动力市场技能预测结果决定,并根据行业对职业资格的要求进行调整。

3. 研究	开始阶段	初步进展	令人满意的进展	稳定的本质性的变革
3.3 当地或院校研究为绿色建设工作提供信息				
由院校开发工具，搜集对院校系统性改革有益的数据。	研究被视为院校改革议程的一部分。	调动院校研究小组，搜集实地的信息和数据，包括学生的困难、绿色技能的教学障碍以及对绿色项目的看法。	与管理团队分享研究报告，以促进参与性决策。	与管理团队和利益相关方分享研究报告，以提供开放的讨论空间，促进参与性决策和系统改革策略的制定。
3.4 绿色的研究设备和研究过程				
将研究设备和活动造成的能源消耗和环境污染降到最低。	研究设备的采购和维护符合强制性的环境和公共卫生标准。危险化学品和废物的存放与处理符合法律规定。	提倡使用研究设备时注意节约能源。已经建立了研究设备和化学品的清单。院校的废物管理对实验室和研究废物给予特别关注。	研究大楼和设备的设计在其生命周期中要具有灵活性，以满足研究重点和要求的不断变化。尽量减少或避免使用具有潜在危险的研究设备和材料。	定期审核研究设备和活动的能源消耗及可持续性影响。减少或避免研究活动产生的废物。
3.5 就可持续发展问题开展合作研究				
院校组织跨部门的合作，并运用不同部门贡献的专业知识对跨学科的可持续性问题开展研究。	意识到并确认跨学科可持续性问题。	鼓励提出研究建议，契合不同部门的研究兴趣，并采用跨学科研究方法开展研究。	调动院校和财政资源支持，推动优秀的跨学科研究项目。	组织不同学科的积极进取和专心致志的教师、学生和外部专家组成研究共同体，解决特定的可持续性问题。开展研究并报告研究结果。

4 绿色社区和工作场所	实现程度			
预期结果	开始阶段	初步进展	令人满意的进展	稳定的本质性的变革
4.1 家长或社区合作				
家长和社区通过开展社区项目或者双方合作，积极参与解决当地的可持续发展问题。	家长和社区很少积极参与绿色建设。在新闻通讯或社区会议上介绍了绿色建设实践。	鼓励院校吸引家长和社区参与绿色建设项目。除了通过新闻通讯或社区会议开展绿色建设宣传外，家长和社区也参与院校的绿色实践。	提供专业化发展（PD）和资源支持，协助各院校与家长和社区合作，开发和推动院校、家庭和社区的绿色项目。大多数院校都能提供家长和社区参与绿色实践的证明资料。	家长和社区都参与了绿色项目。家长和工作人员可以获得专业化发展和资源的支持，以开展社区和工作场所的合作。家长和企业与院校一起参与绿色项目，并了解其对学生未来成功的重要性。
4.2 社区或企业合作				
开展合作办学，支持与社区或将来可能接受学生就业的企业建立绿色合作关系。	一些院校与社区团体和企业建立了合作关系，以支持学生志愿者活动或合作式（体验式）学习。	鼓励院校领导开展与社区或企业的合作，开展专业建设或者推进项目，培养有担当的工作人员和公民。	鼓励和支持建立职场合作关系。院校积极参与院校与社区合作或校企合作，以支持学生取得成功。	所有机构领导均获得专业化发展支持以建立合作关系，以培养有担当的公民意识和职业意识，促进可持续发展社区或绿色工作场所和商业的发展。

4. 社区和工作场所	开始阶段	初步进展	令人满意的进展	稳定的本质性的变革
4.3 协同可持续发展规划				
社区／工作场所可持续发展计划融入课程内容，增强课堂教学的相关性与实用性，扩大其内容范围。	一些院系已意识到当地可持续发展或工作场所绿色发展的问题。	院校寻求或确定了当地的可持续发展的问题，并将其当作教学内容。	院校已经找到当地的可持续发展规划，实地探访并利用这些规划要求学生制订问题的解决方案。	院校、教师和学生参与社区或企业合作，以解决当地社区或工作场所的可持续发展的问题。
4.4 服务社区就业需求				
院校建立机制，向雇主和其他利益相关方宣传绿色发展议程。	社区的雇主了解院校所采用的可持续发展概念。	附近的雇主对院校的绿色发展总规划和愿景深信不疑。雇主与院校开展定期交流，就工作进展和当地市场需求或发展动态提供信息。	雇主有兴趣通过院校开设的环境或绿色技能相关课程或专业来培训其员工。雇主和院校制定正式计划，培训学生熟悉企业相关的绿色实践和技术。	院校和雇主合作共同开发体现可持续性实践的专业和活动。院校因其在社区绿色实践方面的出色表现得到社区认可，且被视为合格的、训练有素的、环境友好的毕业生的重要来源。
4.5 促进工作场所可持续性实践和体面就业				
毕业生具有体面工作和可持续职场实践的实用知识，并具备将绿色概念用于工作场所的技能。	学生们对体面的工作有所了解。	学生了解体面工作、包容性和可持续性工作规范及其实践的核心内容。	学生具备组织变革理论涉及的基本技能。	学生拥有未来职场绿色发展所需的知识和社交技能。

5 院校绿色文化	实现程度			
预期结果	开始阶段	初步进展	令人满意的进展	稳定的本质性的变革
5.1 政策				
从全校系统层面实施绿色优先事项，将其落实在院校的总体战略规划、资产管理、政策和制度提升计划中。	绿色优先事项仅限于政策文件或决定。	院校战略规划将绿色建设作为优先发展事项。绿色发展包含在职业教育转型计划中。	院校战略规划将绿色建设作为优先发展事项。从全校系统层面为具体实施提供支持。院校与外部利益相关方（家长、社区、合作伙伴）分享绿色建设成果。	绿色建设是院校战略规划所有优先事项和资产管理政策的一部分。院校将绿色建设纳入发展规划、教学评估策略以及所有员工的绩效考核计划。院校与社区分享绿色建设成果。
5.2 决策				
体系及院校采用透明、包容、积极参与方式进行决策，让所有合作伙伴参与进来。院校文化以正确的价值观和道德框架为基础。	政策制定和战略规划仅限于资深职员参与。没有总体绿色发展规划规程。绿色发展相关的道德标准和价值观不明显。	资深职员参与制定规划和政策，职员、学生和社区少量参与。体系为员工、社区和理事们提供透明的沟通方式。绿色发展相关的道德标准和价值观被定为绿色建设过程的目标。	所有员工都参与战略规划和政策制定。体系制定了规程，供工作人员、学生、社区和理事们就政策问题进行公开、透明的咨询和沟通。绿色相关的道德标准和价值观被纳入课程和评估方案。	院校采取民主模式，让学生、教师和社区代表均参与决策。绿色相关的道德标准和价值观被广泛理解，在总体规划中得到认可，并反映在整个院校文化中。校园文化会影响决策的方方面面。

5. 院校文化	开始阶段	初步进展	令人满意的进展	稳定的本质性的变革
5.3 融资和预算				
为院校绿色发展规划项目提供充足的财政支持，并列入优先发展事项。	预算优先项很少考虑绿色建设工作。	预算反映了院校绿色发展规划中系部发展的优先项，例如，设施和专业。	所有系部的预算都可以反映院校绿色发展规划做出的承诺。	绿色建设是校董会预算规划的重点，并提出可测量的结果，例如，设施方面的成本节约。
5.4 监测和评估				
制定评估策略，测量院校绿色发展规划各项举措的实施进展。	鲜少有评估或策略可以测量系部对院校绿色发展规划的实施进展。	对设施中的废物和能源管理进行了持续的评估（环境评估）。	制定并实施了评估策略，以确定各系部实施院校绿色发展规划的进展。	制定了系统性评估策略，涵盖专业化发展、持续改进以及最佳实践的认定和表扬。与工作人员、社区和理事们分享成果。
5.5 领导力				
系统管理人员在整个系统中展现出实施院校绿色发展规划的承诺和领导力。	院校管理人员知道但并不真正了解绿色发展或将其视为优先发展项目。	院校管理人员将院校绿色发展规划视为优先发展项，并建立流程来制订和指导持续进行的计划。	院校绿色发展规划延伸并涵盖院校的所有方面，所有员工都参与其中。	绿色发展体现在愿景或使命中，并从主要预算中获得资金支持。学生、员工和社区都了解这一承诺。
5.6 认可				
员工因在绿色建设工作中展现出的领导作用获得认可和奖励。	系统和院校管理人员没有展现出对院校绿色发展规划的真正承诺。	奖励计划由行政部门、工会和相关专业组织共同制定。	对绿色成绩的认可有助于进一步促进工作场所的发展，也是宣传工作的重要构成部分。	员工、学生和行政部门认为对院校绿色发展规划实施成果的认可是非常重要的。这些成果在院校之外也得到广泛认可。所有人都对这一奖励计划感到满意，认为这是对他们作为全球公民做出贡献的认可。

5. 院校文化	开始阶段	初步进展	令人满意的进展	稳定的本质性的变革
5.7 纳入院校绿色发展规划				
院校提供了包容性的学习环境，促进对另类视角、世界观和认知方式的思考，以明确价值观并获得充分信息。	对包容性学习环境的关注有限。	院校开展了体现院校需求和兴趣的课外活动。	院校工作人员吸引学生和家长参与营造包容性的院校环境。	包容性的院校环境是规划和实施所有院校活动的重点，包括家长对规划的参与度。
5.8 支持院校绿色发展规划流程				
院校提供安全和支持性的学习环境，员工和学生共同对所学内容、学习方式以及评价方式承担责任。	教师在未征求学生意见的情况下设置学习内容、过程和评价方法。	有些教师参与学生主导的调查，以确定与学生共同致力解决的问题。教师确定评价方法。	以学生为主导的调查确定各年级需要学生共同致力解决的问题。真实性评价是与学生共同设计的。	学生的学习由教师和学生共同致力解决的问题所引导。学习过程和产品都会被评估。
5.9 教学和教辅人员的专业发展				
专业化发展为教学人员提供绿色能力，其中包括知识、技能、观点和教学方法。专业化发展为非教学人员提供了进一步推进院校和系统绿色发展目标的知识和技能。员工分享最佳实践、学习模型和资源以支持院校绿色发展规划工作。	绿色正成为专业化发展的重点。绿色还不是专业化发展的重点。院校工作人员中绿色建设实践的分享有限。	某些课程的教学人员接受绿色建设的专业化发展。部分员工接受绿色建设的专业化发展。院校工作人员偶尔会分享成功的绿色建设实践和资源。	所有教学人员都接受绿色建设的专业化发展。所有教职工都接受绿色建设的专业化发展。院校工作人员定期分享成功的绿色实践、模式和资源。	将绿色发展纳入所有教学人员和为学生服务的主要员工的专业化发展。将绿色发展纳入所有行政和教辅人员的专业化发展。建立跨部门学习共同体，以分享成功的实践、模式和资源。

5. 院校文化	开始阶段	初步进展	令人满意的进展	稳定的本质性的变革
5.10 对知识、技能和能力的认可				
绩效评估和招聘政策关注绿色发展需要的知识、技能和能力。	员工招聘和绩效考核有时包含对绿色发展理解或承诺的内容。	院校领导意识到绿色是招聘员工的考量因素，可能会选择采用。	所有员工绩效考核和招聘都涉及绿色发展内容。	招聘、雇用和绩效考核流程都包含绿色发展内容，需要提供绿色发展相关证据。
5.11 在院校政策中纳入人力资源（HR）绿色实践				
针对系统所有员工的人力资源政策都支持绿色能力建设、指导、协作和终身学习。	一些人力资源政策正力求关注绿色发展问题。	有些政策包含绿色发展理念。	审核了所有政策中可以实施绿色发展的内容。	制定了理事会人力资源政策和计划，以支持所有员工了解绿色发展理念和采取行动的必要性。
5.12 绿色的包容性				
倡导并在工作人员及其所有工作中彰显多样性，以在院校所有成员和社区中树立威信。	没有计划好的多样性培训或招聘规程，用于招聘多元化的员工队伍。没有正式认可的绿色建设工作领导机构。	尊重和理解多样性是教学人员专业化发展的内容。一些院校在员工会议上表彰绿色建设工作领导人员。	尊重和理解多样性是教学人员专业化发展的内容。员工多样性被列为真正的优先发展项。在院校层面表彰绿色建设工作的领导成就。	测量了劳动力的多样性程度。劳动力反映了院校和社区的多样性。尊重多样性是所有员工专业化发展的一部分。通过媒体表彰绿色建设工作领导成就。

术语表

绿色　　　　以更加环保的决心求知和实践，以对生态更为负责的态度提升决策水平和生活方式，从而达到为当代和后代子孙保护环境，保持自然资源可持续的目的。

绿色职业　　有助于保护或恢复环境质量，同时也满足工人运动的长期要求和目标（比如，充足的工资、安全的工作条件和工人权益）的职业（UNEP et al., 2008）。

绿色技能　　支持可持续和资源节约型社会并在其中生活和发展所需的知识、能力、价值观和态度（CEDEFOP, 2012）。

可持续发展　满足当代人需求的同时，不影响后代满足其需要的能力的发展（UNCED, 1987）。

再培训　　　使个体能够获得新技能从而获得新工作或从事新专业活动的培训（CEDEFOP, 2008）。

转型　　　　使院校做出改变以适应不断变化的职能要求和期望，或随着时间的推移根据职能变化而做出的转变过程（Campbell, 2007）。

提升培训　　有针对性的短期培训，通常在初级教育或培训之后进行，旨在对之前培训获得的知识、技能和 / 或能力进行补充、提高或更新（CEDEFOP, 2008）。

缩略词与简称

AACC	美国社区学院协会
AIT	奥地利理工学院
BOD	生化需氧量
CETVETAR	职业技术教育、培训和研究中心职业教师教育部（尼日利亚）
CEDEFOP	欧洲职业培训发展中心
DESD	《可持续发展教育十年计划》
ESD	可持续发展教育
ESP	环境可持续性实践
FET	继续教育与培训
FFA	力场分析
GAP	《可持续发展教育全球行动计划》
GCE	全球公民教育
GHG	温室气体
GIZ	德国国际合作协会
HR	人力资源
ICT	信息和通信技术
IGP	院校绿色发展规划
ILO	国际劳工组织
INA	国立培训学院
M & A	监测与评估
NGO	非政府组织

PD	专业化发展
QE	素质教育
SD	可持续发展
SDGs	可持续发展目标
SIDS	小岛屿发展中国家
SIP	学校改进计划
SSV	技能短缺性职位空缺
SWOT	优势、劣势、机会和威胁
TESDA	技术教育和技能发展局（菲律宾）
TVET	职业技术教育与培训
UNEVOC	联合国教科文组织国际职业技术教育与培训中心
UNDESD	联合国可持续发展教育十年计划
UNESCO	联合国教育、科学与文化组织
UNICEF	联合国儿童基金会

参考文献

Aashe (Association for the Advancement of Sustainability in Higher Education). 2016. Sustainability Tracking, Assessment & Rating System. https://stars.aashe.org/ (Accessed 28 November 2016).

Campbell, J. L. 2007. *The rise and transformation of institutional analysis.* https://www.researchgate.net/profile/John_Campbell29/publication/228432019_The_rise_and_transformation_of_institutional_analysis/links/0c96052e9563bd0ee3000000.pdf (Accessed 28 November 2016.)

CEDEFOP (European Centre for the Development of Vocational Training). 2008. *Terminology of European education and training policy: a selection of 100 key terms.* Luxembourg, CEDEFOP.

2010. *Skills for green jobs: briefing note.* Thessaloniki, Greece, CEDEFOP.

2012. *Research paper on green skills and environmental awareness in vocational education and training. Synthesis Report.*Luxembourg, CEDEFOP. http://www.cedefop.europa.eu/en/publications-and-resources/publications/5524 (Accessed 16 February 2017).

CETVETAR (Centre for Technical and Vocational Education, Training and Research, Nigeria). 2015. *Global survey for green economy learning: exploring opportunities for knowledge sharing and collaboration.* Geneva, UN Institute for Training and Research (UNITAR).

CICan (Colleges and Institutes Canada). 2016. *Green skills for sustainable economic growth: The role of Canadian colleges and institutions.* Ottawa,

CICan.

Cohen, T. and Feldbaum, M. n.d.*The Community College Green Genome Framework: Integrating sustainability and clean technology workforce development into an institution's DNA.*Washington, AACC, SEED Centre and Kresge Foundation. http://theseedcenter.org/Special-Pages/ACC-151-Green-Genome-Report(sm)1-17.pdf(Accessed 16 February 2017).

Dent, E. B. and Goldberg, S. G. 1999.Challenging 'resistance to change'. *Journal of Applied Behavioral Science*, Vol. 35, No. 1, pp. 25-41.

Dobbs, R., Lund, C. and Madgavkar, A. 2012. Talent tensions ahead: a CEO briefing. *McKinsey Quarterly*, November. www.mckinsey.com/global-themes/employment-and-growth/talent-tensions-ahead-a-ceo-briefing(Accessed 14 November 2016).

Doushanov, D. L. 2014. Pollution control technologies: control of pollution in the iron and steel industry. *Encyclopedia of Life Support Systems*, Vol. III. Paris, UNESCO. www.eolss.net/sample-chapters/c09/e4-14-04-04.pdf (Accessed 14 November 2016).

FAO (Food and Agriculture Organization of the United Nations).n.d. *Environment statistics.* Available at: www.fao.org/economic/ess/environment/en/

FAO, CTA (Technical Centre for Agricultural and Rural Cooperation) and IFAD (International Fund for Agricultural Development). 2014. *Youth and agriculture: key challenges and current solutions.* www.fao.org/3/a-i3947e.pdf(Accessed 14 November 2016).

Ferreira, J., Ryan, L. and Tilbury, D. 2006. *Whole-school approaches to sustainability: a review of models for professional development in pre-service teacher education.* Sydney, NSW, Australian Research Institute in Education for Sustainability for the Australian Government Department of the Environment, Water, Heritage and the Arts.www.aries.mq.edu.au/projects/preservice/ (Accessed 14 November 2016).

Fleming College. 2016. Homepage. https://flemingcollege.ca/ (Accessed 16 November 2016).

Foster, S. 2008. George Brown College Green Plan Framework Update. Presentation to Senior Management Committee.www.georgebrown. ca/uploadedFiles/GBCCA/About_George_Brown/Sustainability/ SeniorMgmtCommitteeFeb2008.pdf (Accessed 16 February 2017).

Gagnon, P., Lavesseur, C. and Telesford, J. 2014. A competency-based approach to educating and training the sustainability practitioner for 2015 and beyond. New York, International Conference on Sustainable Development Practice. www.researchgate.net/publication/281348478_ A_competency_based_approach_to_educating_and_training_the_ sustainability_practitioner_for_2015_and_beyond (Accessed 14 November 2016).

George Brown College.n.d.a.*George Brown College Green Plan*.Toronto, Ont., George Brown College.www.georgebrown.ca/about/sustainability/ greenplan/ (Accessed 14 November 2016).

n.d.b. *Sustainability – facilities management*. Toronto, Ont., George Brown College.www.georgebrown.ca/about/sustainability/greenplan/Facilities-Management/ (Accessed 14 November 2016).

n.d.c. *Sustainability policies*. Toronto, Ont., George Brown College.www. georgebrown.ca/about/sustainabilitypolicies/ (Accessed 15 November 2016).

Germany. 2016. *Sustainability in everyday working life:vocational training for sustainable development*. Bonn, Germany, BMBF (Bundesministerium für wirtschaftlicheZusammenarbeit und Entwicklung, German Federal Ministry of Education and Research). www.bmbf.de/pub/Sustainability_ in_Everyday_Working_Life.pdf (Accessed 14 November 2016).

GIZ (Deutsche Gesellschaft für internationalenZusammenarbeit) and BMZ. 2013. *TVET for a green economy*. Bonn, Germany, GIZ.

Glendale Services.n.d.Homepage.www.glendale-services.co.uk/ (Accessed 16 February 2017).

Heart Trust/National Training Authority (Jamaica). 2016. *Seminar report*: greening in TVET. http://www.unevoc.unesco.org/network/up/HEART%20Trust%20Greening.pdf (Accessed 14 November 2016).

IEA (International Energy Agency). 2015. *Energy and climate change: world energy outlook special report*. Paris, IEA. www.iea.org/publications/freepublications/publication/WEO2015SpecialReportonEnergyandClimateChange.pdf (Accessed 14 November 2016).

ILO (International Labour Organization). 2012. *Green Jobs in Asia Project. A case study on the formation of Green Masonry Worker's Guild*. Bangkok, ILO Regional Office for Asia and the Pacific. www.apgreenjobs.ilo.org (Accessed 14 November 2016).

IPCC (Intergovernmental Panel on Climate Change). 2014. *Climate change 2014: synthesis report.Summary for policymakers*.www.ipcc.ch/pdf/assessment-report/ar5/syr/AR5_SYR_FINAL_SPM.pdf (Accessed 14 November 2016).

Jenkin, N., Molebatsi, P., Ramsarup, R and Rosenberg, E./ ELRC (Rhodes University Environmental Learning Research Centre) and CHIETA (Chemical Industries Education and Training Authority). 2016. *Green skills in the South African surface coatings sector: a focus on paint*. http://greenskills.co.za/wp-content/uploads/2015/07/FINAL-Green-skills-in-the-paint-sector.pdf (Accessed 16 February 2017).

Knibb, H. and Paci, C. 2016. The greening of Canada's college curriculum: a pan-Canadian survey. *TVET Asia*, No. 6. http://apskills.ilo.org/resources/tvet-asia-issue-6-the-greening-of-technical-and-vocational-education-andtraining (Accessed 14 November 2016).

Majumdar, S. 2010. *Greening TVET: connecting the dots in TVET for sustainable development*. Paper for ESD in 2010 conference, Manila,

Philippines. http://hdl.voced.edu.au/10707/263587 (Accessed 14 November 2016).

Maksimiw, T. 2016. *One minute Monday: the impact of skills shortages on UK businesses*. Blog, United Kingdom Commission for Employment and Skills (UKCES). https://ukces.blog.gov.uk/2016/02/15/one-minute-monday-the-impact-of-skills-shortages-on-uk-businesses/ (Accessed 14 November 2016).

McKeown, R., Hopkins, C. A., Rizzi, R. and Chrystalbridge, M. 2002. *Education for sustainable development toolkit version 2.0*.www.esdtoolkit. org/default.htm (Accessed 14 November 2016).

MSA (Manufacturing Skills Australia).n.d. *Skills for Sustainability*. http:// sustainabilityskills.net.au/ (Accessed 16 February 2017).

North Melbourne Institute of TAFE.n.d.*Green Skills Centre of Excellence*. https://dsarch.com.au/portfolio/eduction-3/ (Accessed 14 November 2016).

ODI (Overseas Development Institute).n.d. *Problem tree analysis. Successful communication: planning tools*. www.odi.org/sites/odi.org.uk/files/odi-assets/publications-opinion-files/6461.pdf (Accessed 14 November 2016).

OECD (Organisation for Economic Co-operation and Development) and CEDEFOP. 2014. *Greener skills and jobs*. Paris, OECD.

Rosenberg, E. 2015.*Green skills for the mining sector. Report on research for the mining qualifications authority*. Cape Town, Rhodes University Environmental Learning Research Centre. http://greenskills.co.za/wp-content/uploads/2015/07/MQA-Report-Green-Skills-for-Mining.pdf (Accessed 16 February 2017).

Singh, A. and Feuerrigel, K. 2013. *Greening TVET for sustainable development*. Presentation at the National Skills Conference, Pretoria, South Africa.www.dhet.gov.za/Presentations/NSC%20draft%20paper%20 DHET_Singh%20GIZ_Feuerriegel.pdf (Accessed 14 November 2016).

SkillsOne. 2016. *Sustainable teaching at NMIT's Green Skills Centre Part 2 (video)*. www.skillsone.com.au/vidgallery/sustainable-teaching-at-nmits-green-skills-centre-part-2/ (Accessed 14 November 2016).

South Africa. 2011. *New growth path: Accord 4: Green economy accord booklet*. Pretoria, Economic Development Department.

Stock, L. and Vogler-Ludwig, K. 2010.*Economix. Skills for green jobs: Country report Germany*. Munich, Germany, Economix.www.economix. org/GreenJobs.pdf (Accessed 14 November 2016).

Strietska-Ilina, O., Hofmann, C., Duran Haro, M. and Shinyoung, J. 2011. *Skills for green jobs: a global view. Synthesis report based on 21 country studies*.Geneva, ILO and CEDEFOP.www.ilo.org/wcmsp5/groups/public/−−−dgreports/−−−dcomm/−−−publ/documents/publication/wcms_159585. pdf (Accessed 14 November 2016).

UKCES (UK Commission for Skills and Employment). 2016. *Employers Skills Survey 2015: UK results*. Evidence report 97, May. https://www. gov.uk/government/uploads/system/uploads/attachment_data/file/525444/ UKCESS_2015_Report_for_web__May_pdf (Accessed 28 November 2016).

UNCED (United Nations World Commission on Environment and Development). 1987. *Our common future – the Brundtland Report*. Oxford, Oxford University Press.

United Nations. 2015. *Transforming Our World: The 2030 Agenda for Sustainable Development*. New York, United Nations. https:// sustainabledevelopment.un.org/content/documents/21252030%20 Agenda%20for%20Sustainable%20Development%20web.pdf (Accessed 14 November 2016).

UNEP (United Nations Environment Programme). 2010. *Guidelines on Education Policy for Sustainable Built Environments*. Nairobi, UNEP. www.unep.org/sbci/pdfs/UNEPSBCI_EducationPolicyGuidelines_2010.

pdf (Accessed 14 November 2016).

2011. *Towards a Green Economy: Pathways to sustainable development and poverty eradication*. Nairobi, UNEP.

n.d. *Sustainable Buildings and Construction Programme*. Available at: www.unep.org/10yfp/Programmes/ProgrammeConsultationandCurrent Status/Sustainablebuildingsandconstruction/tabid/106268/Default.aspx (Accessed 14 November 2016)

UNEP, Worldwatch Institute and Cornell University Global Labor Institute. 2008. *Green jobs: towards decent work in a sustainable, low-carbon world*. Nairobi, UNEP.

UNESCO. 2012. *Education for Sustainable Development Sourcebook*. Learning and training tools, No. 4. Paris, UNESCO. unesdoc.unesco.org/ images/0021/002163/216383e.pdf (Accessed 14 November 2016).

2014. *Roadmap for Implementing the Global Action Programme on Education for Sustainable Development*. Paris, UNESCO.

2016a. *Recommendation concerning technical and vocational education and training*. Annex III. Records of the 38th Session of the General Conference, 3–18 November 2015, Vol. 1, p. 152. Available at: http:// unesdoc.unesco.org/images/0024/002451/245178e.pdf (Accessed 14 November 2016).

2016b. *Strategy for technical and vocational education and training*, 199EX/6. Paris, UNESCO. http://unesdoc.unesco.org/ images/0024/002452/245239e.pdf (Accessed 14 November 2016).

2016c. *TVET progress review in Asia-Pacific*. Bangkok, UNESCO.

UNESCO-UNEVOC. 2012. *ESD + TVET: promoting skills for sustainable development (brochure)*. Bonn, Germany, UNESCO-UNEVOC. http:// unesdoc.unesco.org/images/0021/002162/216269e.pdf (Accessed 14 November 2016.)

2013. *Greening TVET: qualifications needs and implementation strategies*.

Report of the UNESCO-UNEVOC virtual conference.Bonn, Germany, UNESCO-UNEVOC.

2013. *Revisiting global trends in TVET: reflections on theory and practice.* Bonn, Germany, UNESCO. http://www.unevoc.unesco.org/fileadmin/ up/2013_epub_revisiting_global_trends_in_tvet_book.pdf (Accessed 16 February 2017).

2014. *Promising practice: greening TVET.* Bonn, Germany, UNESCO-UNEVOC.

2015a. *Case study submitted by the Department of Polytechnic Malaysia, Ministry of Higher Education for the UNEVOC Green Skills research project.* Bonn, Germany, UNESCO-UNEVOC.

2015b. *Case Study submitted by the Technical Education and Skills Development Authority, Philippines for the UNEVOC Green Skills research project.* Bonn, Germany, UNESCO−UNEVOC.

2016. *Biennial Report.* Bonn, Germany, UNESCO-UNEVOC.

UN-HABITAT (UN Human Settlements Programme). 2012. *Going green, a handbook of sustainable housing practices in developing countries.* Nairobi, UN-HABITAT. http://unhabitat.org/books/going-green-a-handbook-of-sustainable-housing-practices-in-developing-countries/ (Accessed 18 January 2017).

UNIDO (UN Industrial Development Organization). 2013. *Greening value chains for sustainable handicrafts production in Viet Nam.* www.unido. org/fileadmin/user_media_upgrade/Worldwide/Offices/Greening_Value_ Chains_for_Sustainable_Handicrafts_Production_in_Viet_Nam_2013.pdf (Accessed 14 November 2016).

n.d. *Pollution from food processing factories and environmental protection.* Ch. 25 www.unido.org/fileadmin/import/32129_25PollutionfromFoodPr ocessing.7.pdf (Accessed 14 November 2016).

White, J. 2016. *Annual emissions reductions from agriculture must reach*

1 GtCO2e per year by 2030 to stay within 2°C warming limit. CGIAR Climate Change, Agriculture and Food Security (CCAFS) Programme. https://ccafs.cgiar.org/MitigationTargetAgriculture#.WRwbQlKB3UL (Accessed 14 November 2016).

World Bank.n.d.*What is stakeholder analysis?*www1.worldbank.org/ publicsector/anticorrupt/PoliticalEconomy/PDFVersion.pdf (Accessed 5 November 2016).

Yaba Colllege.n.d. Homepage. http://www.yabatechunevoc.org/ (Accessed 16 February 2017).

译 后 记

　　2015 年联合国 193 个成员国首脑会议一致通过《2030 年可持续发展议程》。联合国教科文组织 2016 年发布的《职业技术教育与培训（TVET）战略（2016—2021 年）》提出三大重点领域，其中包括"促进向绿色经济和可持续社会转变"。经济合作与发展组织、国际劳工组织等国际机构都积极倡导开发绿色技能，促进可持续发展。未来几乎所有的工作都是绿色职业，均需要绿色技能，绿色职业教育已经成为国际职教界的前沿和热点话题。

　　我国于 2016 年提出《中国落实 2030 年可持续发展议程国别方案》，代表中国政府对联合国和国际社会做出可持续发展的郑重承诺。党的十八届五中全会提出"创新、协调、绿色、开放、共享"的发展理念，绿色发展成为我国的治国理念。习近平主席先后提出"绿水青山就是金山银山"的两山理论和生态文明建设的六项原则，我国从理念、目标、国策、道路和战略选择，对绿色和可持续发展做出了系统阐释与布局。我国政府已经做好新时期应对气候变化、全面绿色转型和零碳社会建设的顶层设计，构建出短中长期协调一致的战略和规划，提出 2030年、2035 年、2050 年碳排放总量与绿色转型发展目标。在职业教育领域如何贯彻绿色发展理念和生态文明建设六项原则已成为我国职业教育界决策者、管理者、专家学者和全体教师需要认真研究和实践的重要课题。

　　联合国教科文组织国际职教中心（UNESCO-UNEVOC）根据

《2030 年可持续发展议程》积极推动全球绿色职业教育的发展，在各类研讨会、论坛、领导力项目等国际会议上宣传绿色职业教育的发展理念，推动绿色职业教育的落地与实施，并组织专家编写出版《绿色职业院校建设指南》（2017 年）。该指南提出了职业院校开展绿色职业教育的实施步骤和五个维度，制定了绿色职业院校的评估标准与指标体系，从理念和行动上对全球的职业院校系统性地开展绿色职业教育提供了重要的行动指南与实施工具。

国际职教专家的研究表明，可持续发展需要绿色技能的预测与开发，需要利益相关人的高度参与。我国已经启动第二个一百年的新征程，《中华人民共和国国民经济和社会发展第十四个五年规划和 2035 年远景目标纲要》对于绿色发展、碳达峰和美丽中国建设提出了更高的目标追求。我国的职业院校等相关教育机构应站在国家绿色发展和生态文明建设的战略高度主动作为，将绿色职业教育融入学校的教学、科研、社会服务和文化建设之中，为国家培养具有绿色意识、绿色技能的复合型技术技能人才，支持和促进我国产业转型和经济社会的可持续发展。本指南可以作为我国职业院校开展绿色职业教育的行动指针，指导职业院校领导和师生设计、实施和评估绿色职业教育，增强职业教育对于国家可持续发展的适应性，全面提升人才培养的质量和水平。

本书的翻译出版得到联合国教科文组织国际职教中心前主任马俊达（Shyamal Majumdar）博士、出版管理专员乌特·瑞特（Wouter de Regt）先生和联合国教科文组织驻华代表处教育官员裴伯庸（Robert Parua）博士和赵天阔女士的大力协调与支持！商务印书馆苑容宏先生对于本译著的选题及相关研究给予学术指导和支持！此外，深圳职业技术学院校领导对于绿色职业教育研究与行动高度重视，对于本译著的翻译出版给予了指导和大力支持。本译著的翻译审校和出版联络工作得到联合国教科文组织职业教育计划亚非研究与培训中心钟卓雅和林倩敏老师的倾力支持，在此一并表示感谢！

由于联合国教科文组织职业教育话语体系和其他国家及区域的职教话语体系与我国的职教话语体系不同，加上译者水平所限，翻译中难免出现个别瑕疵或者不准确之处，望各位读者海涵和教正。书中部分案例和参考文献的网络链接具有一定的时效性，随着时间的推移可能会出现转移、更新或者撤换，特此说明。

杨文明

图书在版编目(CIP)数据

联合国教科文组织绿色职业院校建设指南 / 联合国教科文组织著；杨文明译. -- 北京：商务印书馆，2023

ISBN 978-7-100-21030-0

Ⅰ．①联… Ⅱ．①联… ②杨… Ⅲ．①职业教育－建设－世界－指南 Ⅳ．①G719.1-62

中国版本图书馆CIP数据核字(2022)第063485号

联合国教科文组织绿色职业院校建设指南
联合国教科文组织 著
杨文明 译

商 务 印 书 馆 出 版
（北京王府井大街 36 号 邮政编码 100710）
商 务 印 书 馆 发 行
艺堂印刷（天津）有限公司印刷
ISBN 978-7-100-21030-0

2023 年 11 月第 1 版　　　开本 710×1000　1/16
2023 年 11 月第 1 次印刷　　印张 8¼
定价：50.00 元